DR. MARION ROESCHKE
Natürlich jung

DR. MARION ROESCHKE

NATÜRLICH JUNG

Mein Geheimrezept für leidenschaftliches Altern

Bibliografische Information der Deutschen Nationalbibliothek:
Die Deutsche Nationalbibliothek verzeichnet diese Publikation in
der Deutschen Nationalbibliografie; detaillierte bibliografische Daten
sind im Internet über dnb.dnb.de abrufbar.

©2024 Dr. Marion Roeschke
Satz und Verlag: BoD · Books on Demand GmbH, In de Tarpen 42, 22848
Norderstedt
Druck: Libri Plureos GmbH, Friedensallee 273, 22763 Hamburg

ISBN: 978-3-7597-1868-6

Inhaltsverzeichnis

WIE ICH FEUER FING   7
… UND WIE ES WEITERGING   9

TEIL 1: GRUNDLAGEN   13
Alter und Gesundheit als Kontinuum   13
Die Waage zwischen Gesundheit und Krankheit   15
Bestandsaufnahme: Objektive und subjektive Bestandsaufnahme
der eigenen Gesundheit   19
Wie sich unser Körper im Alter verändert   21
Wie sich unser Geist im Alter verändert   28
Wie sich unsere Seele im Alter verändert   33

TEIL 2: ANWENDUNG   43
Wechselwirkungen   43
Unsere Einflussfaktoren auf den Alterungsprozess des Körpers   45
Faktor 1: Unsere Ernährung   45
Faktor 2: Unsere Bewegung   64
     Bewegung bringt unser Herz auf Touren   67
     Bewegung fördert den Muskelaufbau   73
     Bewegung hält Gelenke und Knochen gesund   83
     Bewegung verbessert die Gesundheit der Leber und die
     Cholesterinwerte   89
     Bewegung senkt den Blutzuckerspiegel   90
     Bewegung reduziert das Körpergewicht und den Körperfettanteil   92
     Bewegung verbessert die mentale Gesundheit und den Schlaf   94
Faktor 3: Unsere Sexualität   100
Faktor 4: Sinnesorgane   107
     Unsere Einflussfaktoren auf den Alterungsprozess unseres Geistes   112
Faktor 5: Unser Gedächtnis und unsere Merkfähigkeit   112

Faktor 6: Unsere Denkfähigkeit:
Räumliches Denken, Logik, Kreativität   120
Faktor 7: Unsere Lernfähigkeit und unsere Denkgeschwindigkeit   126
Faktor 8: Unser Konzentrationsvermögen: Bewusstsein
und Aufmerksamkeit   129
Faktor 9: Unser Wissen und unsere Weisheit   136
Die Einflussfaktoren auf den Alterungsprozess unserer Seele   144
Faktor 10: Unsere innere Einstellung: 144
Optimismus, Pessimismus und Realismus   144
Stress, Gelassenheit und Resilienz   147
Emotionen   153
Lebensplanung   156
Vergangenheit, Gegenwart und Zukunft   159
Faktor 11: Unsere Lebensführung   162
Biorhythmus   162
Schlaf und Gewohnheiten   163
Atmung und Entspannung   167
Visionen und Träume   170
Faktor 12: Unser Aussehen   173
Selbstwahrnehmung und Selbstfreundschaft   173
Faktor 13: Unsere sozialen Kontakte   178
Einsamkeit und Kommunikation   178
Kunst und Kultur   186
Lesen und Literatur   190
Schreiben und Schreibkultur   198

CONCLUSIO   **206**
Meine Empfehlungen für gesundes und leidenschaftliches Altern   206

ANHANG   **222**
Danksagungen   222
Darstellungsverzeichnis   223
Literaturverzeichnis   225

Wie ich Feuer fing

Langener Waldsee, 15 Kilometer südwestlich von Frankfurt am Main, 4. Juli 2010, 6:45 Uhr: Ich stehe mit Freunden wie gebannt auf einer Anhöhe vor dem See auf der feuchten Wiese und es ist kalt. Plötzlich ein Schuss – der Schuss – der Startschuss zum Frankfurter Ironman. Zum ersten Mal bin ich hautnah und live dabei. Das Wasser brodelt. Der See mutet an wie ein überfüllter Karpfenteich. Es wimmelt nur so von eifrigen Schwimmern. Die Athleten kraulen, als ginge es um ihr Leben. Ein überwältigender Anblick. Mir stockt der Atem. Noch nie habe ich solch eine geballte Dynamik gesehen. Nach kurzer Zeit kristallisiert sich eine Gruppe Schwimmer heraus, die sich von der Masse löst und das Feld anführt. 3,86 Kilometer schwimmen, was die Lunge hergibt. Unglaublich das Tempo. Die Profis steigen nach etwa 47 Minuten aus dem Wasser und sprinten über Sand zur Wechselzone, zu ihrem Rad. Radschuhe anziehen und los geht es in triefnasser Kleidung. Die Radstrecke führt 180,2 Kilometer durch das grüne Frankfurter Umland, bevor in Frankfurt am Mainufer der 42,195 Kilometer lange Marathon in vier Runden stattfindet.

Wir fahren mit dem Auto zur Radstrecke. Die Strecke ist umrahmt von zusammengedrängt stehenden Zuschauern, jubelnden Fans, die den Athleten zurufen, sie anfeuern, Beifall klatschen. Die Begeisterung ist ansteckend. Triathlon – und im Speziellen der Ironman – ist die schwerste aller Ausdauersportarten und das heutige Ereignis wird von den Veranstaltern in Frankfurt »längster Tag des Jahres« genannt. Über 2.300 Teilnehmer stellen sich dieser Herausforderung jährlich mit ungeheurer Selbstüberwindung, aber auch Begeisterung. Es gilt seine Kräfte einzuteilen, denn der Marathonlauf bei mittlerweile 30 Grad Celsius nach den vorausgegangenen Strapazen zehrt. Aber der Zieleinlauf am Römerberg entlohnt für alle Qualen.

Auf dem roten Teppich – wie ein Star – ins Ziel! Die Zuschauer jubeln, werfen die Arme voller Überschwang nach oben, klatschen lautstark in die Hände und singen – ein Beifallsrauschen! Was für ein Spektakel!

Es gewinnen Andreas Raelert mit 8:05 Stunden bei den Männern und Sandra Wallenhorst mit 9:04 Stunden bei den Frauen. Unglaublich!

Zu diesem Zeitpunkt bin ich 53 Jahre alt und mein Entschluss steht fest: Ich will einen Triathlon versuchen – versuchen, ob ich das schaffen kann. Ich bin bis dato lediglich ab und zu gelaufen, aber weder geschwommen noch Rad gefahren. Da ich zu diesem Zeitpunkt zwei Hunde besitze, bin ich mindestens 15 Jahre nicht Rad gefahren noch habe ich jemals ein Rennrad besessen. Ich kann auch nicht kraulen. Aber ich will auf jeden Fall einen Triathlon-Wettkampf versuchen.

Ich habe Feuer gefangen!

»Wer kämpft, kann verlieren,
wer nicht kämpft, hat schon verloren.«

Bertolt Brecht
zugeschrieben

... und wie es weiterging

Wieder zu Hause angekommen, kümmerte ich mich sofort um das nötige Equipment. Ich kaufte mir einen Fahrradhelm, Fahrradkleidung, Rennradschuhe mit Klicksystem und ein Rennrad – ein weißes Karbonrad von Centurion – mit Klicks! Klicks kannte ich nicht. Ich übte tagelang das Ein- und Ausrasten mit dem Klicksystem. Dann ging es los! Ab auf die Straße! Wie sacht und fast geräuschlos sich ein solch leichtgewichtiges Rennrad fuhr – ein Gleiten auf der Straße – wie toll! Völlig begeistert fuhr ich häufig die 24 Kilometer hin und zurück in meine Praxis, sofern ich meine Hunde für diese Zeit bei meinen Eltern abgeben konnte.

Ich kaufte mir meine erste Schwimmbrille und ging nahezu täglich schwimmen. Dank YouTube schaute ich mir Lernvideos zum Kraulen an und übte zunächst einarmig, dann mit beiden Armen den Schwimmzug, dann den Beinschlag, dann alles zusammen. Nachdem ich einigermaßen kraulen konnte, nahm ich regelmäßig Stunden bei einem Schwimmlehrer.

Ich las die Triathlon-Fibel und Bücher über Ernährung und mentales Training im Triathlon. Dann startete ich zu meinem ersten Wettkampf am 26. Juni 2011 in Erbach – einen Jedermann-Triathlon mit 500 Meter Swim, 23 Kilometer Bike sowie 5 Kilometer Run – und belegte den 1. Platz in meiner Altersklasse.

Danach ging ich zu mehreren kleinen Wettkämpfen und trainierte 15–20 Stunden pro Woche neben meiner Praxistätigkeit als Zahnärztin. Ich plante meine erste Mitteldistanz, den halben Ironman – 2 Kilometer Swim, 90 Kilometer Bike – einen

Halbmarathon. Am 1. Juli 2012 gewann ich am Chiemsee den 2. Platz in meiner Altersklasse.

Sollten Sie an dieser Stelle den Eindruck bekommen, dass Sie das nie schaffen würden, dann kann ich Sie beruhigen. Es muss ja nicht unbedingt ein Triathlon werden, nicht einmal ein Wettkampf überhaupt.

Auf jeden Fall ist eine Bestandsaufnahme der eigenen Gesundheit ratsam. Ab sechzig war mir klar, dass ich nun häufiger einen Arzt aufsuche als eine angesagte Diskothek in meiner Nähe. Mittlerweile bin ich selbst 66 Jahre alt und lasse mich jedes Jahr einmal durchchecken.

Wenn bei Ihnen keine gesundheitlichen Einschränkungen für einen Triathlon vorliegen, können Sie auch diese Art von Wettkampf bestreiten. Nur Mut! Mein Lebensweg zeigt, dass es möglich ist, fast unerreichbare Ziele mit ausreichend Kampfgeist zu erreichen.

Auch eventuellen Erkrankungen, die bei Ihnen vorliegen, sind Sie nicht hilflos ausgesetzt. Möglicherweise sind Ursachen und Risikofaktoren vorhanden, gegen die Sie selbst aktiv etwas unternehmen können.

Mein Ziel ist es, dass Sie sich nach der Lektüre meines Buches und der Umsetzung dessen Inhaltes – in dem Maße, wie es für Sie Sinn macht – vital und energiegeladen wie nach einem Bad im Jungbrunnen fühlen!

Ich zeige Ihnen mit diesem Buch mögliche Faktoren, die Einfluss auf Ihre Gesundheit haben könnten. Dabei beleuchte ich **Körper, Geist und Seele**, da ich auch als Zahnärztin in meiner Praxis das ganzheitliche Menschenbild in meine Behandlungen einbezogen habe. Diese gesundheitlichen Faktoren bestimmen mit, welches Wohlbefinden Sie haben. **Ich möchte Ihnen Anhaltspunkte mit auf den Weg geben für eine Lebensweise, die**

Ihr Altern positiv beeinflusst, nach Ihren ganz persönlichen Bedürfnissen und auch Möglichkeiten.

Übernehmen Sie Eigenverantwortung und vergessen Sie dabei die **Freude** nicht! Es muss Laune machen! Ich wünsche Ihnen viel Vergnügen und Inspirationen beim Lesen und Umsetzen für ein längeres und strahlendes Jungbleiben.

Marion Roeschke

Falls auch Sie Feuer für Triathlon fangen möchten, hier ein Link: www.triathlonlive.tv

Abbildung 1: Triathlon: Meine erste Mitteldistanz am Chiemsee

Teil 1: Grundlagen

Alter und Gesundheit als Kontinuum

In meinen frühen Jahren habe ich mir wenig Gedanken über das Alter und meine Gesundheit gemacht. Ich wollte nur eins nicht: dick sein!

In der Rushhour seines Lebens – mit 43 Jahren – schrieb Udo Jürgens den Song »Mit 66 Jahren« und zeichnete in der Vorschau ein positives Bild vom Rentenalter.

> »Ich ziehe meinen Bauch ein und mach auf »heißer Typ«
> mit 66 Jahren, da fängt das Leben an,
> mit 66 Jahren, da hat man Spaß daran,
> mit 66 Jahren ist noch lange noch nicht Schluss.«

Tatsächlich sind wir fitter denn je. Die Lebenserwartung in Deutschland steigt fortlaufend und liegt derzeit bei Frauen bei 83,3 Jahren und bei Männern bei 78,6 Jahren (Deutsches Institut für Wirtschaftsforschung, 2024).

Liegt das daran, dass wir gesünder leben? Doch was ist Gesundheit überhaupt?

Aaron Antonovsky prägte den Begriff der »**Salutogenese**« – lat. *saluto* = Gesundheit und griech. *genesis* = Entstehung. Er bezeichnet den individuellen Entwicklungs- und Erhaltungsprozess von Gesundheit. Gesundheit ist somit kein Zustand, sondern ein **Prozess**, ein fließender Übergang zwischen Gesundheit und Krankheit.

Dieser Prozess reagiert ständig auf unterschiedlichste Einflüsse und verändert sich dabei, er ist dynamisch. Unser Gesundheitszustand spielt sich in den Extrembereichen zwischen »todkrank« und »bestens« ab. Wir sind einmal mehr und dann wieder weniger krank.

»Nichts bleibt so, wie es ist«, sagen wir, wenn wir an die Veränderungen und die Vergänglichkeit unseres Lebens denken. Das Leben samt der Gesundheit sind in ständigem Fluss.

»So vergeht Jahr um Jahr, und es ist mir längst klar:
Dass nichts bleibt, dass nichts bleibt, wie es war«,

singt Hannes Wader in seinem Lied »Heute hier, morgen dort«, worin er den wechselvollen Strom des Lebens besingt. Wir werden hineingeworfen in diesen Strom und können uns nur als gute Schwimmer retten.

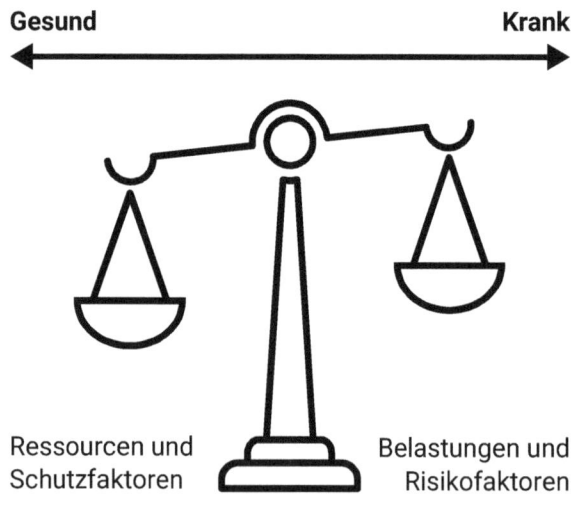

Abbildung 2: Aspekte der Gesundheitsentwicklung (Salutogenese)

Die Waage zwischen Gesundheit und Krankheit

Was können wir in die Waagschale werfen, um sie zugunsten unserer Gesundheit auszurichten? Welche gesundheitsfördernden Maßnahmen sollten wir ergreifen und welches schädliche Verhalten sollten wir eindämmen oder besser noch unterlassen, um unser Konto für Lebensqualität zu verbessern?

Wir können unser Konto auffüllen oder leeren und damit unsere Gesundheit, unser Wohlbefinden beeinflussen. Die Gesundheit resultiert aus der Summe aller unserer Einlagen und Ausgaben auf unser Konto für Lebensqualität. Es lohnt sich daher, ein gesundheitsförderndes Guthaben anzusparen, beispielsweise durch Bewegung, bewusste, gesunde Ernährung, erholsamen Schlaf, regenerative Lebensphasen, gute medizinische Versorgung, geistige Herausforderungen, neue Entdeckungen, ein bereicherndes soziales Umfeld und vieles mehr, vor allem aber auch eine positive Lebenseinstellung, den festen Willen, den im Alter eintretenden Widrigkeiten zu trotzen und sich nicht unterkriegen zu lassen.

Tatsächlich nehmen manche Menschen das Alter als langsames Siechtum wahr. Ich selbst lehne diese Sichtweise vehement ab!

Wissenschaftliche Untersuchungen zeigen deutlich, dass unter anderem die Bilder vom Alter, die wir in uns tragen, auch auf uns wirken.

»Menschen in Deutschland leben erstaunliche 13 Jahre länger, wenn sie Altern als Entwicklungsprozess sehen« (Wurz, S., 28.03.2022). Forscherinnen der Universität Greifswald konnten in einer Studie belegen, »dass Menschen, die mit dem Älterwerden persönliche Ziele und Pläne verbinden, ein weit längeres Leben erwarten können« (Wurm, S. et al., 1996). Im Jahr 1996 wurden 2.400 Studienteilnehmende zwischen 40 und 85 Jahren zu ihrer Sicht auf das eigene Älterwerden befragt. Es konnte gezeigt werden, dass jene Menschen länger leben, die das Älterwerden mit einer persönlichen Weiterentwicklung verbinden, die also viele Ideen und Pläne verwirklichen und weiterhin neue Dinge lernen wollen. Bemerkenswert ist, dass es vergleichsweise unwichtig für ein langes Leben ist, ob Menschen das Älterwerden mit körperlichen oder sozialen Verlusten verbinden.

Die Befunde geben gute Hinweise darauf, dass wir Menschen vor allem darin unterstützen sollten, ihr **Älterwerden aktiv zu gestalten.**»Als Erzfeind des gesunden Alterns entpuppt sich die Einstellung, sich selbst zu beschränken, weil es für diesen Plan oder jene Aktivität vermeintlich schon zu spät sei« (Wurm, S. et al., 2022).

Ich selbst habe einen Traum in Planung. Ich möchte gern in meinem Leben eine längere Tour mit und ohne Fortbewegungsmittel unternehmen: mit dem Fahrrad von Stuttgart nach Garmisch-Partenkirchen, dann zu Fuß eine Alpenüberquerung nach Meran, von dort aus mit einem Kajak die Etsch entlang bis zum Golf von Venedig, zum Adriatischen Meer und mit einem Segeltörn abschließen.

Welchen Traum haben Sie sich noch nicht erfüllt? Ein Musikinstrument zu erlernen, Klavier zu spielen? Nur zu, es ist nie zu spät! Sie können es noch weit bringen, nicht mehr zum Starpianisten, aber das ist doch völlig egal. Sie sollten nur Freude daran haben!

Wer daran glaubt, dass das Leben uns jederzeit Abenteuer und Lebensfreude bereithält, der wird auch in hohem Alter Neues wagen. Wer eine positive Lebenseinstellung hat, lebt vermutlich länger.

Schauen wir uns hierzu das jüngste Beispiel der Fitness-Influencerin bei TikTok **Erika Rischko** an. Erst im Alter von 55 Jahren hat sie mit Sport begonnen. Heute ist sie 83 Jahre alt und fitter als eine Vielzahl jüngerer Menschen. Sie hat Millionen Fans auf Instagram und Facebook (#AlteristnureineZahl). Gemeinsam mit Prof. Dr. Ingo Froböse schrieb sie das Buch »Für Fitness ist es nie zu spät« (ZS – ein Verlag der Edel Verlagsgruppe). Für Peloton startete sie eine TV-Kampagne unter dem Titel »Motivation, die dich bewegt«. Die Seniorin hat zwei künstliche Kniegelenke.

Sich selbst das eigene Alter schönzureden ist legitim, wir sollten es sogar tun, um unser Wohlbefinden zu verbessern. Ich selbst mache das mit Hingabe, denn in die Jahre gekommene Menschen über 60 werden in der Werbung gern als weißhaarige Prothesen- und Hörgeräteträger vorgestellt – muss das denn sein? Ab welchem Alter müssen wir in Kauf nehmen, von unserem Umfeld in diesem Sinne als »alt« wahrgenommen und definiert zu werden, anstelle sich auf die positiven Aspekte des Lebens zu konzentrieren?

Ich persönlich fühle mich nicht so alt, wie mein Lebensjahr vorgibt, nur ab und zu einmal. Ich bin 66 Jahre alt und habe mich auf die kleinen Zipperlein eingestellt. Ich ertrage sie gelassen. Sich nicht an den Defiziten zu orientieren, sondern sich auf die positiven Aspekte des Lebens zu konzentrieren, erscheint mir wichtig. Das nennt man »**Positive Psychologie**«.

Dieser Begriff wurde 1945 von dem US-amerikanischen Psychologen **Abraham Maslow** geprägt und fand durch Veröffentlichungen von **Martin Seligman** in den 1990er Jahren breite Aufmerksamkeit.

»Positive Psychologie ist die Wissenschaft dessen, was Individuen, Organisationen und Gesellschaften dazu befähigt, sich bestmöglich zu entwickeln und aufzublühen (flourish). Positive

Psychologie ist daher die Wissenschaft des gelingenden Lebens«
(Brohm-Badry, M. et al., 11/2017). Laut dieser Studie sind Elemente eines gelingenden Lebens positive Emotionen, Engagement, soziale Beziehungen, Sinn-Erleben und Leistung.

Der Blick auf die positiven Seiten des Lebens zielt darauf ab, das Erlebte und das Tun grundsätzlich positiv zu beeinflussen.

*»Halte dein Gesicht immer dem Sonnenschein zugewandt
und die Schatten werden hinter dich fallen.«*

Walt Whitman

Bestandsaufnahme: Objektive und subjektive Bestandsaufnahme der eigenen Gesundheit

Wie gesund fühlen Sie sich? Wie ist Ihre subjektive Wahrnehmung?

Was eine Person als großes gesundheitliches Problem empfindet, kann für eine andere kaum erwähnenswert sein. Was wir als Schmerz wahrnehmen und schildern, unterscheidet sich sowohl von Mensch zu Mensch als auch nach unserer kulturellen Prägung.

Wie Schmerz entsteht, ist für uns alle aber ein gleich ablaufender Prozess.

Schmerzrezeptoren, sogenannte Nozizeptoren, reagieren auf thermische, mechanische und chemische Reize und leiten diese an das Rückenmark weiter. Dort werden sie verarbeitet und ins Gehirn gesendet. Erst dort wird aus dem Reiz ein bewusst wahrgenommener Schmerz, der bewertet und für Lernprozesse verarbeitet wird.

Wissenschaftliche Studien belegen, dass sich je nach kultureller Herkunft die Intensitätsgrenze, ab der Menschen einen solchen Reiz als schmerzhaft empfinden, sehr stark unterscheidet, ebenso wie der Schmerz geäußert und wie damit umgegangen wird (Kohnen, N., 2007, 10 ff.).

»Patienten aus unterschiedlichen Kulturen, v. a. aus familienorientierten Gesellschaften wie im Nahen und Mittleren Osten, aber auch Süditalien oder Griechenland, haben ein anderes Verständnis von Schmerz und andere Heilungsvorstellungen, auch im Kontakt mit dem Behandler, als z. B. Patienten aus westlichen Gesellschaften.« Südländer äußern Schmerz laut und deutlich.

Sie wollen familiäre Anteilnahme. Philippiner fügen sich hingegen fatalistisch in ihr Schicksal (Kizilhan, J. I., 22.06.2016).

Auch psychische Beschwerden äußern sich durch entsprechende Körperbeschwerden je nach kultureller und religiöser Prägung. »Patienten aus familienorientierten Gesellschaften, v. a. aus der ländlichen Türkei, dem Irak oder Syrien, die in Deutschland leben, führen im Vergleich zu deutschen Patienten deutlich mehr Schmerzstörungen an. Die Betroffenen sprechen über alle Beschwerden so, als seien sie körperlich. Das subjektive Leiden kann symbolisch mit Müdigkeit, Weinen, Laufen mit Gehhilfen etc. ausgedrückt werden« (Kizilhan, J. I., 22.06.2016).

»Grundsätzlich sind die Beschreibung und Einschätzung von Schmerzen sehr individuell und variieren zudem auch je nach Kulturkreis. Während das Schmerzempfinden, also die eigentliche Reizweiterleitung, in allen Kulturen gleich ist, unterscheiden sich hingegen Schmerzschwelle und Schmerztoleranz« (Evans, J. et al., 24.05.2022).

Was bedeutet diese Aussage in Bezug auf unsere **eigene, persönliche Bestandsaufnahme**?

Mit welchen Diagnosen lebe ich und was bedeuten diese für mich? Wie wohl fühle ich mich? Wie ist meine körperliche und seelische Verfassung? An welchen Stellschrauben kann ich drehen, um meine Gesundheit und mein Wohlbefinden zu verbessern?

Wie sich unser Körper
im Alter verändert

Mit zunehmendem Alter kommt es immer mehr zu körperlichen Veränderungen und gesundheitlichen Einbußen. Zunächst sind sie kaum wahrnehmbar – wie auf leisen Sohlen – kommen sie allmählich zum Vorschein, die Zeichen der Zeit. Unaufhaltsam treten sie in unser Bewusstsein. Und dann, beim verstohlenen Blick in den Spiegel, sind sie nicht mehr zu leugnen: die grauen Haare, die Falten und Altersflecken auf unserer Haut. Die Sehkraft der Augen lässt nach, das Gehör leidet und vieles mehr.

Weil der Körper weniger Wasser speichern kann, schrumpfen auch unsere Bandscheiben und verlieren an Elastizität – unsere Körpergröße nimmt ab! Davor ist niemand gefeit! Doch wir können viele Prozesse hinauszögern!

Die ersten Anzeichen lassen sich schon früh erkennen, denn ab dem 20. Lebensjahr setzt die Alterung ein! (Max-Planck-Institut für Biologie des Alterns, 2023)

Unsere Körperzellen entstehen durch Zellteilung. Die Zellen teilen sich besonders rasant bei Neugeborenen und Kindern, die sich noch im Wachstum befinden. Mit zunehmendem Alter aber verlangsamt sich dieser Prozess wieder. Neue Zellen werden nicht mehr so schnell gebildet.

Erschwerend kommt hinzu, dass die Zellteilung ein äußerst komplexer und daher störanfälliger Vorgang ist. Wenn sich eine Zelle teilt, teilt sich der Zellkern und die darin enthaltenen DNA-Stränge. Die geteilten Stränge werden anschließend kopiert und so werden zwei neue Zellen gebildet, die genetisch identisch sind.

Einige Zelltypen im menschlichen Körper wie Nerven- und Muskelzellen differenzieren sich nach der Zellteilung und verdoppeln sich dann nicht mehr. Aber keine Angst – dank **Neurogenese** können auch in fortgeschrittenem Alter noch neue Nervenzellen im Gehirn gebildet werden. Der Begriff »Neurogenese« (lateinisch: *Neuron* = Nerv und *Genesis* = Entstehung) beschreibt die Neubildung von Nervenzellen. Unser Körper ersetzt also fortlaufend seine Zellen, nur Muskel-, Herzmuskel- und Gehirnzellen erneuern sich langsamer.

Der hochkomplexe Zellteilungsvorgang leidet mit der Zeit, da an den äußersten Enden der DNA-Stränge, den sogenannten **Telomeren**, mit jeder Teilung Substanz verloren geht. Die Telomere dienen quasi als Schutzkappen und bewahren unser Erbgut vor Schrumpfung. Mit zunehmender Alterung verändert sich die Struktur der Telomere immer mehr und das Erbgut kann angegriffen werden. Neueste Studien zeigen, dass es hierbei nicht, wie ursprünglich angenommen, um eine Verkürzung der Telomere, sondern um die **Veränderung der Struktur** der Telomerschleifen handelt (Molecular Cell, 2018).

Die Telomere formen eine Schleifenstruktur, in der die Enden der DNA-Stränge versteckt sind. Wenn sich die Schleifen entfalten, ist das Ende des Chromosoms freigelegt und die Zelle nimmt das als defekte DNA wahr. Besonders interessant finde ich persönlich dabei, dass die Wissenschaftler herausgefunden haben, dass Telomere ihre Struktur bei Anwendung von Chemotherapie verändern können. Diese Veränderung **hilft dabei, Krebszellen zu zerstören.**

Wie genial unser technischer und wissenschaftlicher Fortschritt doch ist! Die Wissenschaftler waren erstmals in der Lage, mithilfe von extrem auflösenden Mikroskopen dies überhaupt festzustellen. Durch die super-auflösende Mikroskopie, die 2014 mit dem Chemie Nobelpreis belohnt wurde, war es möglich, die Telomerschleifen unter dem Mikroskop sichtbar zu machen. Um die Forschung zu vervollständigen, nutzte das Wissenschaftsteam super-auflösende Mikroskope von vier Forschungsinstituten in Sydney und erwarb das erste »Airyscan" Mikroskop in Australien.

Mit Hochdruck wird seit Jahren daran gearbeitet, wie der Alterungsprozess aufgehalten werden kann. Noch ist es nicht so weit, dass Ergebnisse aus Tierversuchen auf uns Menschen übertragen werden können – ein Glück, wie ich finde.

Unser Körper ist von Natur aus so genial ausgestattet, dass er durchaus in der Lage ist, selbstständig Kompensationsleistungen zu erbringen.

Nach einem Schlaganfall kann die Funktion des geschädigten Hirnareals zum Beispiel durch Training anderer Hirnregionen ausgeglichen werden. Das nennt man »**Neuroplastizität**«.

Bei einer Versuchsreihe am Max-Planck-Institut für Kognitions- und Neurowissenschaften wurden zwölf Patienten untersucht, bei denen die Hirnareale der linken Hemisphäre zur Verarbeitung von Lauteigenschaften durch einen Schlaganfall verletzt worden waren. Der Schlaganfall lag etwa sechs Monate zurück. Einen zweiten Schlaganfall simulierten die Wissenschaftler bei den Probanden mithilfe der sogenannten transkraniellen Hirnstimulation. Dabei werden bestimmte Hirnareale mittels elektrischer Reize gezielt kurzfristig gestört, wie bei einem Schlaganfall oder einer Hirnverletzung. Die Patienten erhielten dann eine Sprachaufgabe, zum Beispiel mussten sie entscheiden, ob das Wort »Katze« aus zwei oder drei Silben besteht.

Je mehr die Areale zur Lautverarbeitung auf der linken Seite beeinträchtigt waren, desto höher war die Aktivität in den Pendants der rechten Hirnhälfte.

Es konnte also nachgewiesen werden, dass es dem Gehirn bei größeren Hirnverletzungen der linken Hirnhälfte gelingt, die

Hirnaktivität der rechten Hirnhälfte des Gehirns hochzufahren und das Defizit damit auszugleichen (Hartwigsen, G., 2023).

Der Alterungsprozess, ausgelöst durch Fehler bei der Zellteilung, läuft unbemerkt für uns ab. Wir können diesen Vorgang nicht sehen und auch nicht fühlen. Doch ein weiterer häufiger Auslöser für unser Altern ist die **Entzündung**, deren Auswirkungen wir jedoch durchaus wahrnehmen können.

Bei jeder Erkältung, jedem anderen Infekt, jeder Allergie, ja sogar bei Diabetes mellitus Typ 2, Arteriosklerose, Demenz, Morbus Alzheimer und bei Krebserkrankungen sind chronische Entzündungen die auslösenden Faktoren.

Zum besseren Verständnis kurz zurück auf die Schulbank – wir unterscheiden zwischen unspezifischer und spezifischer Immunabwehr. Die **unspezifische Abwehr** ist angeboren und wenn es ihr nicht gelingt, Erreger zu vernichten, greift die **spezifische Abwehr**. Sie ist erworben und richtet sich gezielt gegen Erreger, die die Infektion verursachen.

Unsere **Thymusdrüse** ist ein lymphatisches Organ für unsere spezifische Immunabwehr. Sie wird auch als »Wachstumsdrüse« bezeichnet, da sie im Kleinkindalter wächst und bis zur Pubertät ihre Größe behält. Danach wird das Gewebe der Drüse mehr und mehr durch Fettgewebe ersetzt. Daher ist keine Bildung von T-Lymphozyten mehr möglich. Das hat eine reduzierte Interleukin-Ausschüttung zur Folge. Dies bewirkt eine schlechtere Reifung der B-Lymphozyten und damit verbunden eine reduzierte Bildung von Antikörpern. Die **spezifische Immunabwehr** nimmt ab.

Hinzu kommt, dass unser Immunsystem zur Bekämpfung von Eindringlingen Abwehrzellen zur Verfügung stellt, die durch bestimmte Botenstoffe aktiviert werden. Das Dumme ist nur, dass unser Körper mit steigendem Alter auch zunehmend mehr entzündungsfördernde Botenstoffe ausschüttet und damit chronische Krankheiten begünstigt.

Je älter der Mensch ist, desto mehr Entzündungen finden in seinem Körper statt. Das nennt man »**Inflammaging**« – *Inflammation* = Entzündung und *Aging* = Altern.

Der italienische Immunologe **Claudio Franchceschi** hat diesen Begriff im Jahr 2000 geprägt. Er beschreibt die Tatsache, dass das Immunsystem im Verlauf des Alterungsprozesses immer mehr entzündungs**fördernde** Botenstoffe freisetzt.

»So nimmt etwa die Aktivität der adaptiven, also gegen spezifische Krankheitserreger gerichteten Immunabwehr ab, die der unspezifischen, angeborenen Immunabwehr dagegen nimmt zu« (Ernährungs-Umschau: Inflamm-Aging« – Ist das Alter eine Entzündung? 11-05-2018).

In der Folge werden mehr Botenstoffe produziert, die proinflammatorisch wirken und oxidativen Stress fördern. Es kommt verstärkt zu chronischen Entzündungsprozessen.

Eine weitere Studie finde ich hochinteressant: Wissenschaftler am Max-Planck-Institut für Biologie des Alterns in Köln haben bei der Arbeit an einem winzigen Fadenwurm eine Veränderung in einem evolutionär konservierten Gen mit der Bezeichnung »PUF60« festgestellt, die die Würmer länger leben ließ, aber gleichzeitig ihre Immunantwort dämpfte. Unter normalen Bedingungen lebten die Würmer mit dieser Veränderung etwa 20 Tage länger als normale Würmer. Wenn sie jedoch mit Bakterien infiziert wurden, starben sie schneller.

Daraus folgerten die Wissenschaftler, *dass sich durch ein überaktives Immunsystem die Lebensdauer verkürzt.* »*Umgekehrt zahlt sich ein weniger aktives Immunsystem durch eine längere Lebensspanne aus* – solange das Tier nicht an einer Infektion stirbt.« (Antebi, A., 24.06.2020)

Die gute Nachricht ist:

Wir können durch unseren Lebensstil und unsere Ernährung dieses sogenannte Inflammaging positiv beeinflussen.

Dabei ist es gut zu wissen, dass bestimmte Lebensmittel wie Zucker, Weizen, Transfette (Lebensmittel mit hohem Anteil an Transfettsäuren, wie Fertiggerichte, frittierte Produkte, Back- und Süßwaren) und übermäßiger Fleischkonsum Entzündungen fördern.

Einige Tipps hierzu gebe ich Ihnen im Teil 2 des Buches: Anwendung.

Wenn ich meinen eigenen Körper mit einem Gebrauchtwagen vergleiche, möchte ich lieber ein begehrtes Schmuckstück als ein Ladenhüter sein ... und Sie?

Abbildung 3: Abwrackprämie oder Tuning?

Wie sich unser Geist im Alter verändert

Notizzettel sind ein Segen! In meinem Alter von nun 66 Jahren werden Zettel immer wichtiger. Ich muss immer wieder ein wahrhaftiges »Organisationstalent« sein, um alle meine Vorhaben und Termine unter einen Hut zu bringen. Wenn ich für morgen etwas plane, muss ich es mir heute aufschreiben!

Mein Gedächtnis scheint damit hin und wieder überfordert zu sein. Es ist gelegentlich wie ein Sieb, durch dessen Löcher das »Hineingestopfte« gern hindurchfällt. Daher ist für mich selbst ein gutes Gedächtnis nicht so gut wie ein Notizzettel. Ist das meinem Terminkalender geschuldet oder sind das die ersten Anzeichen des Nachlassens meiner Merkfähigkeit?

Ab wann lässt unsere Gedächtnisleistung nach? Stimmt die Einschätzung vom quirligen jungen und lahmen alten Menschen? Je älter, desto beeinträchtigter sind wir sowohl in der Bewegungsfähigkeit als auch in der mentalen Auffassungsgabe?

Glücklicherweise nicht!

Ein Onlineexperiment mit mehr als einer Million Probanden widerlegt diese Meinung. Die Geschwindigkeit der kognitiven Informationsverarbeitung bleibt zwischen dem 20. und 60. Lebensjahr weitgehend stabil. Erst danach nimmt die geistige Geschwindigkeit der Verarbeitung von Daten ab (von Krause, M. et al., 05/2022).

In einem impliziten Assoziationstest (IAT) mussten die Teilnehmer eine Taste drücken, um Bilder den Kategorien »weiße« oder »schwarze« Personen zuzuordnen. Die Versuchspersonen waren zwischen 10 und 80 Jahre alt. Hierbei ging es den Wissenschaftlern nicht um die Erforschung von Vorurteilen, wie sonst beim IAT, sondern um die Erfassung der Reaktionszeit. Es wurde die Dauer von kognitiven Entscheidungen gemessen und diese dann mit dem Alter der Probanden in Bezug gesetzt.

Die Reaktionszeit der Probanden wuchs tatsächlich mit zunehmendem Alter. Die 20-Jährigen gaben am schnellsten die richtige Antwort. Das wissenschaftliche Team führte das aber nicht auf den kognitiven Abbau zurück, sondern auf das vorsichtigere Vorgehen der älteren Teilnehmer, die sich zur Vermeidung von Fehlern mehr Zeit für eine Entscheidung ließen. Die Probanden in höherem Alter waren am ehesten dazu bereit, die Genauigkeit der Lösung der Geschwindigkeit vorzuziehen.

Aber hinzu kommt, dass die älteren Teilnehmer längere Zeit brauchten, um die entsprechende Taste zu drücken. Die motorische Reaktionsgeschwindigkeit sinkt mit zunehmendem Alter.

Das Team kam zu dem Ergebnis, dass der **Höhepunkt der geistigen Verarbeitungszeit mit etwa 30 Jahren erreicht ist und danach nur geringfügig bis zum 60. Lebensjahr abnimmt.** Bis dahin machten die Teilnehmer auch weniger Fehler, je älter sie wurden. Jenseits der sechzig sank die durchschnittliche Geschwindigkeit der Informationsverarbeitung allerdings stetig.

Wie wir bereits besprochen haben, spielen die **Telomere** im Alterungsprozess des Körpers eine entscheidende Rolle. Geht dies mit einer Veränderung der Hirnstruktur einher?

Ja! Das konnte ein Team des Max-Planck-Instituts für Kognitions- und Neurowissenschaften in Leipzig mit einem Team der Forschungsgruppe für Soziale Neurowissenschaften in Berlin zeigen (Puhlmann, L., 2019).

Die Probanden nahmen an vier MRT-Untersuchungen (Magnet-Resonanz-Tomographie) im Abstand von drei Monaten teil. Zusätzlich wurde ihnen Blut abgenommen und daraus die Veränderung der Telomere erfasst. Mittels der MRT-Scans konnte die Dicke der Großhirnrinde berechnet werden.

Die Untersuchungen führten zu folgendem Ergebnis: **Verloren die Telomere an Substanz, so kam es auch zu plastischen Veränderungen im Gehirn.** Die Großhirnrinde wurde dünner. Das heißt, schon kurzfristige Veränderungen der Telomersubstanz führen zu Schwankungen im Gesundheits- und Alterungsprozess eines Körpers im Allgemeinen.

Die gute Nachricht:
Es konnte außerdem nachgewiesen werden, dass durch mentales Training bestimmte Regionen des Kortex wieder an Dicke zunehmen.

Im Alter kommt es zu einer **Abnahme der Produktion des Botenstoffs Acetylcholin,** der für die Signalübertragung in den Nervenzellen – für das Denken, Erinnern, Lernen und das räumliche Orientieren – zuständig ist.

Außerdem wird **das sogenannte Myelin abgebaut** – die Isolierschicht von Nervenzellen. »Deshalb lernen und reagieren ältere Menschen etwas langsamer als junge. Ehemals unbewusst ablaufende Prozesse wie z. B. das Gehen werden teilweise durch höhere Regionen im Gehirn übernommen. Dadurch sinkt die Verarbeitungsfähigkeit gleichzeitiger Reize. Die geteilte Aufmerksamkeit sinkt und z. B. die Sturzgefahr steigt.« (https://www.internisten-im-netz.de/vorsorge/antiaging/der-koerper-im-alter.html)

Werden wir immer »schusseliger« und können uns weniger erinnern – nach dem Motto »Hier herrscht Ordnung – ein Griff und die Sucherei geht los«? Leichte kognitive Einschränkungen im Alter werden gern mit dem hoffnungsvollen Begriff der »gut-artigen Altersvergesslichkeit« bezeichnet und sind kein Grund zur Panik! Aber: Von nichts kommt nichts!

Kognitive Trainingsmaßnahmen führen zu signifikanten Leistungssteigerungen sowohl bei geistiger als auch bei körperlicher Aktivität, ebenso wie körperliche Aktivität die geistige Leistungsfähigkeit steigert. »Vis a tergo«: *lateinisch = von hinten wirksame Kraft* bezeichnet die Energie, die das Blut durch die Gefäßsysteme führt. Der verbesserte Blutdurchfluss steigert die Herz-Kreislauf- und die geistige Leistung.

Die Macht unseres Geistes ist enorm. Sicherlich kennen Sie die Kraft, mit der Ihr Geist dem Körper zur Heilung oder Verbesserung von Beschwerden verhelfen kann. In einer Studie wurden Männer im Alter von 70 bis 90 Jahren für eine Woche in einem Kloster untergebracht. Die Probanden erhielten alte Fotos, Zeitungen und ein altes Radio. Sie sollten sich verhalten, als wären sie wieder jung. Sie unterhielten sich über damalige Zeiten und über sich als junge Menschen. Unglaublich, aber wahr: Nach nur einer Woche verbesserte sich ihr Sehvermögen, das Gedächtnis und ihre kognitiven Leistungen. Sie wurden wieder jünger (Langer, E., 2009).

Also bitte nicht den Kopf in den Sand stecken, sondern lassen Sie uns aktiv werden!

Abbildung 4: Kopf hoch, lassen Sie sich nicht hängen

Wie sich unsere Seele im Alter verändert

Die Seele sammelt mit jedem Lebensjahr – wie der Körper und Geist – weitere Erfahrungen. Sie wächst wie die Jahresringe im Stamm eines Baumes. Das Wort »Seele« hat seinem Ursprung nach mit »See« zu tun, der Tiefe des Menschen, seiner inneren Welt, seiner Persönlichkeit.

Im Ruhestand haben wir viel mehr Zeit für die Schau nach innen, viel mehr Zeit für die Stille in unserem Leben. Es kann sein, dass in dieser Stille Erinnerungen an bittere Erfahrungen auftauchen, Gefühle wie Trauer, Enttäuschung und Ängste aufsteigen, aber auch positive Erinnerungen an die Geburt eines Kindes, die Hochzeit mit einem geliebten Menschen oder an die Weltreise auftauchen – Momente, die oft ein Leben lang in glücklicher Erinnerung bleiben. Der wahrgenommene Zeithorizont verkürzt sich, und so kommt die Frage auf, wie sich das Leben wohl weiterentwickeln wird. Die Nähe zum Tod schreitet voran, und die Zeit wird zum knappen Gut. Es wird zur Aufgabe, sich mit der eigenen Geschichte auszusöhnen. Dazu gehört das Betrauern dessen, was nicht erreicht wurde im Leben und das Betrauern der eigenen Unvollkommenheit. Im gleichen Maße sollten wir die positiven Ereignisse dagegensetzen und beide Seiten in Einklang bringen, um unsere innere Mitte zu finden. Wir können Dankbarkeit entwickeln für unser gelebtes Leben und Neues beginnen. Es ergeben sich neue Einsichten und Sichtweisen, neue Herausforderungen und neue Möglichkeiten. Der Blick auf die Welt verändert sich. Das eigene Leben wird neu bewertet. Es wird Platz geschaffen für neue Handlungsoptionen. Kann ich beispielsweise andere Menschen unterstützen, eine gute Tat vollbringen – was verleiht meinem Leben Sinn?

Ich selbst sehe das Altern als einen Prozess mit Entwicklungs-
aufgaben. Wir müssen uns von geliebten Menschen verabschieden,
loslassen und uns immer wieder neu einlassen, wieder neu beginnen. Wir sind zeitlebens auf der Suche nach dem Sinn des Lebens. Ich finde Lebensglück und Bereicherung darin, eine helfende
Hand zu reichen. Diese reiche ich zeitlebens meiner behinderten,
älteren Schwester und meinen Eltern – eine Erfahrung, von der
auch mein Handeln in anderen Lebenssituationen geprägt wurde.
Während meiner zahnärztlichen Tätigkeit habe ich meine Patienten mit ganzheitlichem Ansatz und sehr individuell nach ihren
Bedürfnissen betreut. Zweimal reiste ich bisher ehrenamtlich als
»Dentist without limits« nach Sambia und Namibia und durfte
dort die Dankbarkeit der Menschen spüren und erleben. Ich habe
das beglückt und in Demut angenommen. Zurück in Deutschland
haben die Lebensbedingungen in diesen Ländern mich immer
wieder geerdet – eine Reise für die Seele.

Abbildung 5: vorgefundene Straßen in Sambia

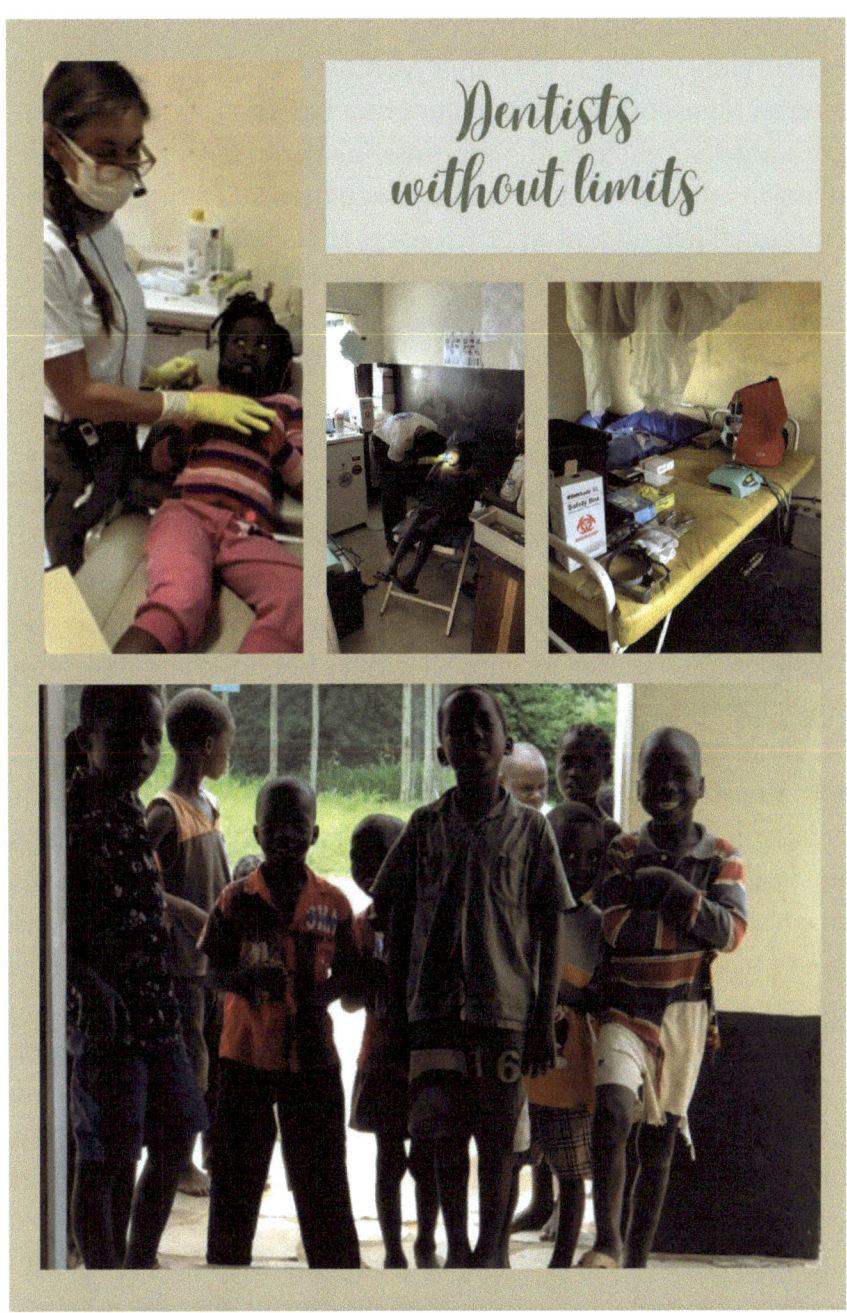

Abbildung 6: Einsatz bei »Dentists without limits«

Was bringt Stabilität in unser vorangeschrittenes Leben? Eine bedeutende Studie zum Thema Wohlbefinden bei jüngeren und älteren Menschen kommt zu dem Ergebnis, dass durch die Verkürzung des Lebenszeithorizontes eine Veränderung in der Motivation entsteht und Menschen nach dem suchen, was für sie emotional bedeutsam ist (Cartensen, L. L. et al., 2011).

Dadurch stellt sich etwas Überraschendes ein: Wir bereichern unser emotionales Leben im Alter, wir beleben es. Dies führt zu mehr Wohlbefinden trotz aller Verluste, Einbußen und Schicksalsschläge, die wir im Alter einstecken müssen. In der Psychologie wird dieser Widerspruch das »**Wohlbefindensparadox**« genannt (Staudinger, U. M., 2000).

In der Zeitspanne zwischen dem 20. und dem 44. Lebensjahr nimmt das Gefühl der Lebenszufriedenheit ständig ab, nach dem 45. Lebensjahr wieder zu und im dritten Lebensalter steigt das Wohlbefinden weiter an, wird allerdings bei Hochbetagten dann wieder geringer (Maecker, A., 2002).

Angst ist ein großes Thema beim Altern. Es handelt sich nicht nur um die Angst vor dem Tod, sondern auch um die Angst vor geistigen und körperlichen Einschränkungen oder Dinge nicht mehr ausüben zu können, die wir gerne und leidenschaftlich gemacht haben. Wir ängstigen uns im Voraus zu sehr, anstelle uns über unsere Ängste auszutauschen, sie zu teilen und nach alternativen Lösungsmöglichkeiten zu suchen.

Zur Angst im Alter gesellt sich gern der **Ärger**. Der Ärger über Grenzverletzungen durch unser Umfeld. Das beginnt mit ungebetenen, gut gemeinten Ratschlägen und Lebensweisheiten und endet mit Forderungen, wie wir als ältere Menschen zu leben und uns zu verhalten haben. Hinzu kommt der alltägliche Ärger über das viel zu klein geschriebene Etikett auf der Lebensmittelverpackung, die Gebrauchsanweisung, die nur über das Internet heruntergeladen werden kann, und die kleinen technischen Geräte, wie zum Beispiel das Hörgerät, dessen Batteriewechsel eine feinmotorische Höchstleistung darstellt. Und schließlich die Angst vor Beschämung – die Kontrolle über das perfekte Aussehen, das perfekte Auftreten oder die eigene Blase zu verlieren. Es ist das Wesen des Alterns, schwächer zu werden und vieles nicht mehr oder nur noch in reduzierter Form kontrollieren zu können. Zu altern bedeutet häufiger, an den eigenen Ansprüchen zu scheitern bzw. damit zu kämpfen. Fordern Sie nicht zu viel von sich! Akzeptieren Sie ein Scheitern gelassen und richten Sie sich neu auf das ein, was wirklich wichtig ist! Auch als junger Mensch gehört Scheitern zum Leben. Tragen Sie Einschränkungen mit Fassung und Humor!

Humor brauchen wir mit zunehmendem Alter immer mehr! Peinlichkeiten lassen sich mit einer guten Portion Humor gelassen ertragen. Wenn Menschen in der Lage sind, ihre Unzulänglichkeiten und Schwächen zu zeigen – am besten noch mit Humor –, werden sie zu Sympathieträgern. Die Aufmerksamkeit wird durch das Benennen der beschämenden Situation unter einem ganz anderen Blickwinkel gesehen. Im Humor zeigen sich die Flexibilität und Kreativität des Menschen. Anstatt sich zu schämen, verhelfen wir uns zu einem guten Selbstwertgefühl.

»Um das kümmere dich, was durch Alter besser wird.«
Seneca

Was wird besser? Wir älteren Menschen verfügen über mehr Lebenserfahrung als jüngere und ganz klar: Wir **müssen** nichts mehr, außer sterben! Nicht ganz so radikal ausgedrückt: Wir müssen nicht mehr so viel müssen und dürfen mehr Freiheit genießen. Wir können unseren eigenen Vorlieben frönen und emotionale Ausgeglichenheit erlangen. Und wir haben aufgrund des geschwundenen Zeithorizonts die Narrenfreiheit des Alters!

Noch ein paar Worte zu einem Aspekt, der im Alter nicht besser wird, aber dank unserer Freiheiten gut zu händeln ist. Der **Schlaf!**

Ich bin eine »Lerche«, eine Frühaufsteherin! Ja, es ist auch eine deutsche Tugend, früh am Morgen aus den Federn zu springen und möglichst noch vor dem Hellwerden den Arbeitstag einzuläuten. Mir fällt das leicht, doch viele von uns kämpfen in der Morgenröte gegen den inneren Schweinehund an. Es ist so kuschelig warm im Bett!

Bin ich ein früher Vogel und die anderen faule Langschläfer oder treibt mich jetzt schon die »**senile Bettflucht**« aus den Federn?

Tatsächlich schlafe ich ab und zu nicht mehr durch und bin äußerst früh schon wach. Ist diese Schlafstörung dem Alter geschuldet?

Dass sich der Schlaf im Laufe des Lebens verändert, ist bekannt. Neugeborene schlafen mehr als 16 Stunden, Kindergartenkinder 12 Stunden, Teenager 8 bis 10 Stunden, während 40-Jährige nur noch 7 bis 8 Stunden schlafen. Danach reduziert sich die Schlafdauer auf 5 bis 10 Minuten pro Lebensjahrzehnt. **Ab sechzig stehen uns daher 10 bis 20 Minuten mehr Zeit für Aktivitäten zur Verfügung – juhu!** Das Schlaf-Ruhe-Bedürfnis scheint allmählich abzunehmen. Damit wird uns im Alter Lebenszeit geschenkt!

Schlafmediziner der Harvard Medical School untersuchten, wie lange Menschen unterschiedlichen Alters maximal schlafen können. Die jungen Probanden waren im Durchschnitt 22 Jahre, die Senioren und Seniorinnen 68 Jahre alt – alle körperlich fit. Jeder Teilnehmer musste 16 Stunden abgedunkelt schlafen. Dann wurde ermittelt, wie viel sie in dieser Zeit tatsächlich schliefen. Die Schlafdauer pendelte sich bei den Jüngeren auf 8,9 Stunden und bei den Älteren auf 7,4 Stunden ein (Klerman, E. et al., 2008).

Doch warum müssen wir in jungen Jahren länger schlafen? Ganz einfach! In jungen Jahren müssen wir viel Neues lernen. »Das junge Gehirn ist besonders plastisch. Darum ist der Bedarf an Schlaf zu dieser Zeit auch am größten«, macht der Schlafforscher Derk-Jan Dijk deutlich.

Dumm ist nur, wenn wir uns in dieser geschenkten Zeit wach im Bett herumwälzen. Laut einer Langzeitstudie der University of Manchester aus dem Jahr 2019 liegen 90-Jährige fast ein Drittel der üblichen Schlafzeit wach im Bett. Menschen unter 50 Jahren haben eine etwa 10 prozentige Wachphase (Didikoglu, A. et al., 16.07.2019).

Der Schlafforscher Shi-Bin Li und sein Team der Stanford University haben 2022 einen möglichen Grund für die fragmentierte Nachtruhe gefunden: **»Aktivitätsneurone im Hypothalamus werden im Laufe des Lebens leichter erregbar«** (Biggar, H., 25.03.2022). Der Hypothalamus ist ein Teil des Zwischenhirns und wesentliches Steuerungszentrum für das vegetative Nervensystem, welches die Grundfunktionen unseres Körpers wie Temperatur, Blutdruck, den Flüssigkeitshaushalt und vieles mehr steuert.

Für die Zerstückelung der Nachtruhe sind gealterte und damit auch leichter erregbare Nervenzellen verantwortlich, die die Produktion von körpereigenen Wachmachern in Gang setzen. In Abhängigkeit von den durch die Erregungen in den Nerven übermittelten Informationen werden im Zwischenhirn (Hypothalamus) Hormone ausgeschüttet, die die Tätigkeit der

Hirnanhangsdrüse hemmen oder fördern. Das Wachstumshormon Melatonin ist in der ersten Nachthälfte für die Bildung neuer Körperzellen und Reparaturvorgänge verantwortlich. Kortisol als deren Gegenspieler wirkt in der zweiten Nachthälfte zusammen mit Ghrelin als Wachmacher.

Ein lang anhaltender und gravierender Schlafmangel ist behandlungsbedürftig, denn er kann böse Folgen haben: **Stürze, Konzentrations- und Erinnerungsschwächen, langfristig sogar Demenz.** Unsere Seele braucht Zeit zur Regeneration.

Über »**Positive Psychologie**« haben wir bereits gesprochen.

Das Leben ist kein reines Honiglecken. Jeder Mensch macht auch mal unschöne Zeiten durch. Daher geht es im Leben nicht darum, die besten Karten zu haben, sondern mit jedem Blatt gut zu spielen. Lebensfreude, Lebenszufriedenheit und Gelassenheit wirken wie wir wissen lebensverlängernd.

Schutz für die Seele finden wir unter anderem in positiven **sozialen Kontakten** mit Familie, Freunden oder Kollegen. Der Mensch ist ein soziales Wesen – ohne soziale Beziehungen vereinsamen wir. Wir brauchen emotionale Nähe, ja auch Berührungen und Umarmungen. Ein soziales Umfeld verbessert die Prognose, ganz gleich bei welcher Krankheit.

Die Sozialepidemiologen Michael Marmot und Richard Wilkenson fanden in ihrer Publikation heraus, dass allein das Gefühl, zu einer Gruppe zu gehören, dazu führt, sich gegenseitig zu gesünderen Verhaltensweisen zu ermutigen (Marmot, M., 2003).

Auch Tiere als Seelenbegleiter nehmen Einfluss auf unsere Alterung. Es gibt Therapietiere wie Hunde, Katzen, Delphine, Pferde und Lamas, die unser Leben bereichern. Kontakt zu Tieren wirkt sich positiv auf unser Gemüt aus. Ein Tier reagiert auf nonverbale Signale und Gesten, es erfasst Stimmungen und Gefühle intuitiv. Sie geben Freude, Zuneigung und Wärme. Tiergestützte Therapie umfasst alle Maßnahmen, bei denen positive Auswirkungen auf die körperliche und seelische Verfassung des Menschen erzielt wird. Eine Diplomarbeit konnte aufzeigen, dass durch tiergestützte Interventionen bei Demenzerkrankten vergessen geglaubte Fähigkeiten und die Kommunikation gefördert sowie die seelische Verfassung verbessert werden (Köck, M., 2011).

Eine Studie der Universität Uppsala zeigt zudem, dass vor allem Hundehalter eine höhere Lebenserwartung haben. Allein lebende Personen hatten ein um 33 Prozent geringeres Sterberisiko, wenn ein Hund mit im Haushalt lebte (Mubanga, M. et al., 2017).

Manchmal fühle ich mich wie ein aufgescheuchtes Huhn! Wenn ein Termin den nächsten jagt, wenn mir im wahrsten Sinne des Wortes die Zeit davonläuft. Zeit- und Leistungsdruck und ein Zuviel an Reizen empfinde ich selbst als ungeheuren Stress und denke dann häufig: Weniger ist mehr! Ich versuche dann zum Beispiel, einer Menschenmenge oder einem Lärmpegel zu entfliehen und flüchte in die Natur – genieße die Stille, den Wind in meinen Haaren, rieche die frisch gemähte Wiese, komme wieder zur Ruhe und lasse meine Seele baumeln!

Dass sich **Entspannung** auf unsere Körperzellen positiv auswirkt, wissen wir spätestens nach jedem Spaziergang im Wald, dem Sauna- oder Kneippgang, einer wohltuenden Massage oder dem Besuch einer Yogasitzung. Die einfachste Möglichkeit zu entspannen ist aber einfach nur **Lächeln**. Wissenschaftler fanden heraus, dass mit dem Lächeln der Herzschlag deutlich sinkt, erstaunlicherweise sogar, wenn das Lächeln nur aufgesetzt ist. Es ist unmöglich zu lächeln, ohne sich nicht besser zu fühlen (Kraft, T. L.; Pressmann, S. D., 2012).

Ein Hinweisschild mit der Aufschrift: »**Bitte Lächeln**« in jedem Behandlungszimmer meiner Zahnarztpraxis ermunterte die Patienten, ihre Mundwinkel anzuheben und eine positive Haltung einzunehmen.

Beim Lachen vollbringt unser Körper sogar Höchstleistungen, denn an diesem Vorgang sind fast 300 verschiedene Muskeln beteiligt. In einer Metastudie der Universität Jena von 2022 konnte nachgewiesen werden, dass Lachtherapien in Gruppen positive Effekte auf die körperliche und seelische Gesundheit haben (Stiwi, K., 2022).

Tipps zur Nachtruhe und zum Powernap, Faustregeln für gesunden Schlaf, Einblicke in den Biorhythmus sowie Anleitungen zu mehr Gelassenheit und vieles mehr erhalten Sie in Teil 2 des Buches: Anwendung.

Abbildung 7: Locker bleiben und lächeln

Teil 2: Anwendung

Wechselwirkungen

»Hundemüde«, total groggy und mein Körper im Energiespar-modus – das passiert mir gelegentlich! Ich weiß nicht einmal so richtig warum! Körperlich fehlt mir doch nichts! Kennen Sie das auch?

Woran wir denken und wie wir uns fühlen, hat Einfluss auf unser körperliches Wohlbefinden und auf unser Altern.

Körper, Geist und Seele bilden eine Einheit. Kurz gesagt: Wenn die Seele und/oder der Geist leiden, leidet auch der Kör-per – und umgekehrt.

Wer unter psychosomatischen Beschwerden leidet, verspürt körperliche Symptome, die medizinisch nicht erklärbar sind. Der Arzt kann keinen körperlichen Befund feststellen.

Was hat es mit dem **Zusammenspiel von Körper, Geist und Seele** auf sich? Zunächst müssen wir uns darüber klar werden, was diese Faktoren im Einzelnen und als Einheit überhaupt be-deuten.

Jeder von uns kann sich unter dem **Körper** etwas vorstellen. Auch der Geist ist etwas, das wir noch greifen können. Der **Geist** als Ausdruck für unsere kognitiven Fähigkeiten – *unser Verstand*.

Und die Seele? Unsere **Seele** wird häufig als unsere *Identität* beschrieben, das, was uns als einzelnen Menschen ausmacht – *unsere Persönlichkeit*. Der Begriff der Seele ist schwer erklärbar und zunächst auch nur schwer vom Geist zu unterscheiden. Was jeder von uns aber kennt, ist die Unterscheidung zwischen Verstand und Bauchgefühl. Manche Entscheidungen treffen wir rein rational nach unserem Verstand, andere aus dem Bauch heraus – mit dem Herzen! Hierin sehe ich den Unterschied zwischen Geist und Seele. Und wissen Sie was? Häufig liegen wir intuitiv mit der »Bauchentscheidung« richtig.

Innerhalb weniger Sekunden wissen wir beispielsweise, ob uns eine Person liegt oder nicht – rein aus einem Bauchgefühl heraus. Die Körpersprache unseres Gegenübers spricht Bände und unsere feinen Antennen nehmen dies unbewusst wahr. Körpersprache, vor allem unsere Mimik, ist das Spiegelbild unserer Gefühle und lässt sich nur schwer manipulieren – Reden ohne Worte!

Als Zahnärztin habe ich mich im Zusammenhang mit meiner Hypnoseausbildung und einer Weiterbildung in NLP (neurolinguistisches Programmieren) mit nonverbaler Kommunikation befasst. Ich war begeistert von der Interaktion jenseits der Sprache. Nonverbale Gesten schleichen sich automatisch in unser Verhalten ein. Wir denken nicht darüber nach, ob wir eine Augenbraue hochziehen oder nicht, ob wir uns an der Nase kratzen oder uns über die Haare streichen.

Zusammengefasst heißt das: Sind Körper, Geist und Seele im Einklang, dann fühlen wir uns wohl, dann sind wir energiegeladen und ausgeglichen.

»Wenn wir das Flüstern des Körpers nicht hören, dass etwas aus der Balance geraten ist, beginnt er zu schreien.«

Lissa Rankin

Unsere Einflussfaktoren auf den Alterungsprozess des Körpers

Faktor 1: Unsere Ernährung

Wie ich anfangs schon erwähnt habe, wollte ich schon in jungen Jahren eines nicht: dick sein! Dicksein ist nicht lustig! Für Kinder nicht und auch nicht für uns Erwachsene. Übergewicht hat nicht nur körperliche, sondern auch weitreichende psychosoziale Folgen. Beides wirkt sich auf unser Altern aus.

Eine Studie aus dem Jahr 2022 untersuchte die Auswirkungen von Übergewicht von den Zellen bis zum Gewebe des gesamten Körpers. Sie zeigt, dass Übergewicht die Alterungsmechanismen direkt beschleunigt. Die Ergebnisse belegen, dass die Prozesse, die dem Zelltod zugrunde liegen, mit dem Übergewicht assoziiert sind. Zudem scheint Übergewicht die Autophagie, den Abbau geschädigter Zellorganellen, zu hemmen, was Krebs, Herz-Kreislauf-Erkrankungen, Diabetes Typ 2 und Alzheimer begünstigt. Auch konnte festgestellt werden, dass Übergewicht zu kognitivem Abbau führt, als würde es die Alterung des Immunsystems beschleunigen (Tam BT et al., 5.2.2020).

Klar ist: Wir sollten uns im Regelfall **ausgewogen, gesund und achtsam ernähren** – und nur im Ausnahmefall nach dem Motto »Mund auf, Nahrung rein«.

Wir brauchen »Lebens«-mittel, die unsere Zellen mit Nährstoffen versorgen und die wir zur Bereitstellung der Energie für die Aufrechterhaltung unserer essenziellen Vorgänge benötigen. Aus der Nahrung setzt unser Körper die Nährstoffe so um, dass er sie verwerten kann. Wir sprechen vom **Stoffwechsel** oder auch **Metabolismus**.

Die **Makronährstoffe** wie **Kohlenhydrate, Fette und Eiweiße** dienen als Energielieferanten. Die **Mikronährstoffe** wie **Vitamine, Mineralstoffe** und **Spurenelemente** liefern keine Energie, dienen aber der Produktion sämtlicher Körperflüssigkeiten wie Blut, Lymphe, Magensaft, Tränenflüssigkeit, Schweiß und Speichel sowie als Bestandteile von Hormonen und Neurotransmittern.

Bei der Deutschen Gesellschaft für Ernährung (DGE) finden Sie entsprechende Tabellen, falls Sie sich genauer informieren möchten. Im Normalfall reicht es aber aus, abwechslungsreich und nicht einseitig zu essen. Ihr Teller sollte »bunt« aussehen, so haben Sie genügend Mikronährstoffe getankt.

Was verstehen wir unter »gesunder« Ernährung?

Welche Lebensmittel sind gesund, welche eher nicht? In welcher Kombination nehmen wir sie zu uns und vor allem wann? Bestimmte Zusammenhänge müssen bekannt sein, um sich gesund ernähren zu können. Inzwischen weiß man, dass fettlösliche Vitamine nur aufgenommen werden können, wenn sie mit Fetten kombiniert werden. Klassisches Beispiel ist das Karotin der Karotte, welches nur mit Fett in Vitamin A umgewandelt werden kann. Also die Karotte mit Öl oder einem Dip genießen! Bekannt ist auch, dass Kohlenhydrate vor dem Zubettgehen vermieden werden sollten. So kann der Körper dank des niedrig gehaltenen Glukosespiegels die Stunden für den Fettabbau nutzen. Außerdem sind Kohlenhydrate energiereich. Der Verzicht führt zu einer verminderten Kalorienzufuhr.

Was und wie viel wir essen, trägt wesentlich zu unserem Wohlbefinden bei, doch weshalb essen wir eben so, *wie* wir essen? Weil wir es so gewohnt sind! Weil unsere Essgewohnheiten in unserer Kindheit geprägt wurden. Unser »Gusto« – unsere individuelle Vorliebe für Speisen, Gewürze und die Zubereitungsart – wird uns quasi in die Wiege gelegt. Auch unser kulturelles Umfeld bestimmt, was wir mögen. Nach dem Motto »Andere Länder andere Sitten« essen die Westafrikaner mit Vorliebe Yams und Kochbananen, die Australier Känguru, Emu und Krokodil und die Asiaten essen extrem scharf – alles eher nichts für unsern Gaumen.

Die Essensgewohnheiten, die wir als Kinder mehr oder weniger übernommen haben, müssen wir manchmal überdenken und neueren wissenschaftlichen Erkenntnissen unterordnen. Informieren Sie sich immer wieder neu! Hinterfragen Sie Empfehlungen und korrigieren Sie Essgewohnheiten. Es lohnt sich, Ihre Ernährung anzupassen und Ihre Gesundheit zu verbessern. Falls Sie sich eingehender informieren möchten, schauen Sie auf die Internetseite des Bundeszentrums für Ernährung (www.bzfe. de) oder auf die Seite »Eat smarter« (www.eatsmarter.de).

Wie wichtig eine gesunde und vor allem **individuell abgestimmte Ernährung** für mein Wohlbefinden ist, habe ich festgestellt, als meine Schilddrüse entfernt wurde. Die Schilddrüse produziert Hormone, die die Stoffwechselaktivität des Körpers regulieren. Wenn also zu wenige dieser Hormone produziert werden, laufen die Stoffwechselvorgänge langsam ab. Die Symptome ähneln denen, der Wechseljahre und können belastend sein. Ich wurde immer kraft- und antriebsloser und auch meine Seele litt. Erst ein umfassendes Blutbild und die korrekte Einstellung meiner Hormone brachten mich wieder ins Gleichgewicht. Achten Sie also auf Ihre Nährstoffversorgung und auf sich! **Selbstfürsorge** ist mit zunehmendem Alter immer wichtiger!

»Essen und Trinken hält Leib und Seele zusammen« heißt ein Sprichwort. Tanken Sie mit einem benzingetriebenen Auto

Diesel, haben Sie ein Problem! Ebenso gilt: Was für den einen Menschen gesund ist, muss für den anderen nicht unbedingt die richtige Wahl sein. Doch wie finde ich mich im Wirrwarr der angebotenen Ernährungsformen zurecht?

Mischkost: Tierische und pflanzliche Kost.
ketogene Ernährung: fettreich, kohlenhydratarm
Vegetarische Ernährung: ohne tierische Kost.
Vegane Ernährung: ohne Milch, Eier, Honig.
flexitarischeErnährung: überwiegend vegetarisch mit wenig Fleisch und Fisch.
pescetarische Ernährung: vegetarisch mit Fisch und Meeresfrüchten.
Frutarische Ernährung: überwiegend vegan, wobei die Pflanzen nicht geerntet werden dürfen, sondern nur vom Baum gefallenes Obst gegessen wird.
Paleo: –Steinzeiternährung, Rohkost.
Low Carb: wenig Kohlenhydrate.
Clean Eating: frische, unverarbeitete Lebensmittel.

Welche Ernährungsform macht Sinn für mich? Das sollten Sie für sich ganz individuell nach Ihrem Gesundheitszustand, Ihrer Lebenseinstellung und Ihren Lebensumständen selbst herausfinden.

Eine **Richtschnur** für gesunde Ernährung lässt sich ausmachen: **genügend zu trinken, mehr pflanzliche als tierische Lebensmittel** und **weniger Salz und Zucker** zu sich zu nehmen. Darin sind sich die meisten Wissenschaftler einig.

Beginnen wir mit dem **Wasser**, ohne welches wir nur wenige Tage überleben könnten. Unser Körper besteht zu etwa 70 Prozent aus Wasser und scheidet durchschnittlich 2 bis 3 Liter Flüssigkeit aus. Wir brauchen Wasser, um den Kreislauf in Gang zu halten, Giftstoffe auszuscheiden und Stoffe im Körper zu transportieren. Im Regelfall reichen täglich 1,5 bis 2 Liter Flüssigkeitszufuhr für uns aus, da die von uns aufgenommene Nahrung ebenfalls Wasseranteile enthält. Vor allem bei Sport und körperlicher Anstrengung!

Am besten trinken Sie stilles Wasser. Die Kohlensäure im Sprudel fördert die Produktion von Magensäure und kann zu Sodbrennen führen, wenn Sie einen empfindlichen Magen haben. Meine Empfehlung ist, möglichst reines Wasser ohne Zusätze zu trinken, um den Körper von Giftstoffen und Stoffwechsel-Endprodukten zu befreien. Wie beim Wäschewaschen sauberes Wasser benötigt wird, ist stilles Wasser – kein Kaffee, Tee oder Saft – auch bei der inneren Reinigung unseres Körpers wichtig. Im Übrigen enthalten Saftschorlen extrem viel Zucker. In einem halben Liter Apfelsaftschorle stecken 8 bis 11 Stück Würfelzucker, in der gleichen Menge Cola 17 bis 18 Stück. Also besser Finger weg von Saft und Softgetränken und bitte nur gelegentlich konsumieren, um sie dann als vollwertige Lebensmittel zu genießen!

Um Abwechslung in meine Trinkgewohnheiten zu bringen, reichere ich selbst mein Wasser hin und wieder mit Limetten- oder Zitronensaft, frischer Minze, Gurkenscheiben, Ingwerstückchen oder Rosmarinzweigen mit Himbeeren an. Probieren Sie doch einfach einmal etwas Neues!

Ein gesünderes Leben

Trinken

+ STILLES WASSER
- Limette
- Zitrone
- Gurke
- Himbeere
- Minze
- Rosmarin

+ VERMEIDBARE GETRÄNKE
- Softgetränke
- Bier
- Wein
- Saft
- Smoothies
- Spirituosen

+ TRINKZEITEN
- regelmäßig den ganzen Tag über trinken
- 1,5 bis 2 Liter/Tag
- Tagesration vorbereiten und in Sichtweite abstellen

Abbildung: 8: Trinken für ein gesünderes Leben

Punkt 2 der Ernährungsempfehlung: Nehmen Sie **mehr pflanzliche als tierische Lebensmittel** zu sich.

»Nichts wird die Chance auf ein Überleben auf der Erde so steigern wie der Schritt zur vegetarischen Ernährung.«
Albert Einstein
zugewiesen

Mit diesem Zitat weist Albert Einstein einerseits auf den Aspekt der begrenzten Ressourcen unserer Erde hin, andererseits auf den unserer gesunden Ernährung. Wir sind uns einig: Mehr Obst, Gemüse und Getreide und weniger Fleisch sorgen für unser Wohlbefinden. Das bedeutet nicht, dass Sie nicht alles essen dürfen! Nur sollte klar sein, dass die meisten Lebensmittel unserer Zeit unseren Körper nicht gesund erhalten. Je stärker ein Nahrungsmittel industriell verarbeitet wurde, desto ungesünder ist es.

Eine aktuelle wissenschaftliche Studie hat den Zusammenhang zwischen hochverarbeiteten Lebensmitteln und der Wahrscheinlichkeit, an Krebs zu erkranken, untersucht. Es wurden Daten der UK Biobank ausgewertet. Diese biomedizinische Datenbank enthält gesundheitsrelevante Daten von über einer halben Million Probanden in Großbritannien, die seit über 15 Jahren erfasst und immer wieder upgedatet werden. Die Nahrungsmittel wurden in vier Kategorien unterteilt:

1. Unverarbeitete Lebensmittel wie Obst, Gemüse, Milch, Fleisch, Fisch
2. Direkt aus unverarbeiteten Nahrungsmitteln hergestellte Lebensmittel wie Butter, Öle, Säfte und raffinierter Zucker
3. Lebensmittel, denen Haltbarkeits- und Genussmaximierungsstoffe zugefügt wurden wie Dosengemüse, getrocknetes Fleisch, Käse und Brot
4. Hoch technologisch verarbeitete Lebensmittel wie Softdrinks, Süßigkeiten, Fertiggerichte, Proteinshakes und Fleischalternativen

Ergebnis: Ein Anstieg des Anteils hochverarbeiteter Lebensmittel in der Ernährung um 10 Prozent erhöhte das Krebsrisiko um 2 Prozent und führte zu einer um 6 Prozent höheren Krebsmortalität (Chang, K. et al., 2023).

Bekannt ist, dass in den **Blue Zones**, in denen die Menschen extrem alt werden, ein hervorstechendes Merkmal die vorwiegend pflanzliche Ernährung ist. Zu den Blue Zones gehören Sardinien, die Nicoya-Halbinsel Costa Ricas, die griechische Insel Ikaria, die Okinawa-Inseln in Japan und Loma Linda in Kalifornien (Siebten-Tag-Adventisten). Die Bewohner der Blue Zones essen üblicherweise verschiedene saisonale und regionale Gemüsesorten, Früchte, Vollkorngetreide und Hülsenfrüchte.

In Sardinien essen die betagten Bewohner ihre aus Bohnen, Karotten, Zwiebeln, Knoblauch, Tomaten, Fenchel, Kohlrabi und Kräutern langsam geköchelte Minestrone. Sie reichen hierzu Sauerteigbrot, Wildsalate und ihren eigenen dunklen Rotwein. In Costa Rica frühstücken die Menschen Gallo Pinto: selbstgemachte Maistortillas mit Bohnen, rotem Paprika, Knoblauch und Kräutern. Tagsüber essen sie frische Ananas und Papayas. Auf Okinawa beginnen die Bewohner den Tag mit Tofusuppe, Karottensalat, gebratener Papaya, Bittermelone und gekochtem Farn. Bekannt ist Okinawa für seine Rinder, die stressfrei aufwachsen und deren Fleisch besonders zart ist. Die Siebten-Tag-Adventisten sind meist Vegetarier. Sie vermeiden Salz und Zucker und essen vorwiegend Vollwertgetreide, Nüsse und Hülsenfrüchte.

Laut der Deutschen Gesellschaft für Ernährung (DGE) dienen **tierische Lebensmittel als sinnvolle Ergänzung** zur pflanzlichen Kost. Milch und Milchprodukte beinhalten nennenswerte Mengen an Calcium und das Vitamin B12, Eier enthalten neben dem gut verfügbaren Eiweiß essenzielle Nährstoffe wie die Vitamine A, D und B sowie Mineralstoffe. Seefisch sichert eine gute Jodversorgung und liefert wertvolle Omega-3-Fettsäuren. Jod ist ein Spurenelement, das unser Körper braucht, aber nicht selbst herstellen kann und dem körpereigenen Aufbau der Schilddrüsenhormone dient. Die Omega-3-Fettsäuren kann unser Köper ebenfalls nicht selbst herstellen, sind aber lebensnotwendig. Sie wirken sich positiv auf unser Herz, unser Gehirn, unsere Sehkraft und die psychische Befindlichkeit aus (Nehls, M., 2018).

Als **Orientierungshilfe** für die Menge an tierischen Lebensmitteln, die wir pro Tag zu uns nehmen können, gilt nach Vorgaben der DGE: 200 bis 250 Gramm Milch und Milchprodukte, aber nur 50 bis 60 Gramm Käse. Bei Fleisch und Fleischprodukten werden 300 bis 600 Gramm allerdings nicht pro Tag, sondern **pro Woche** empfohlen. Die Variationsbreite der Grammangaben bezieht sich auf Erwachsene mit einem eher niedrigen bis hin zu denen mit einem hohen Kalorienbedarf. Bitte vergessen Sie nicht: Der Kalorienbedarf sinkt mit zunehmendem Alter!

Unser Stoffwechsel wird im Alter langsamer. **Während der Fettanteil** im Körper **steigt, nehmen Wassergehalt und Muskelmasse ab. Wir brauchen noch genauso viele Vitamine und Mineralstoffe, aber immer weniger an Kalorien.** In der Umsetzung heißt das: nur noch kleine Portionen an Nudeln, an Steaks, an Kuchen, dafür mehr Salat und Gemüse. Bei einer sitzenden Tätigkeit – ohne oder mit wenig Freizeitaktivitäten – empfiehlt die Gesellschaft für gesunde Ernährung für Seniorinnen einen Energiebedarf von 1.700 kcal und für Senioren von 2.100 kcal pro Tag. »Da Männer mehr Skelettmuskulatur abbauen als Frauen, reduziert sich der Energiebedarf bei ihnen stärker. Heißt: Bei den 25- bis unter 51-Jährigen werden 100 kcal mehr für Frauen und 300 kcal mehr für Männer angegeben.« Wer also sein Leben lang so essen möchte, wie er es in seiner Jugend getan hat, wird unweigerlich dicker. Das bedeutet: den Gürtel enger schnallen! Durch tägliche Bewegung lässt sich der Kalorienumsatz wieder steigern. Das gute Essen muss sich regelrecht immer wieder verdient werden! Essen Sie langsam und bedacht. Halten Sie sich nach Möglichkeit an die **80-Prozent-Regel** und beenden das Essen, sobald ihr Magen zu 80 Prozent gefüllt ist. Durch gründliches Kauen nimmt der Körper die Nährstoffe aus der Nahrung effizienter auf. Studien belegen, dass sich bewusstes, langsames Essen positiv auf die Verdauung, das Körpergewicht und das allgemeine Wohlbefinden auswirkt (Robinson E. et al., 2013).

Auch die **Reihenfolge des Essens** spielt für eine gesunde Ernährung eine wichtige Rolle. Was wir zuletzt gegessen haben, verdauen wir auch als Letztes, da wir die Lebensmittel im Magen sozusagen übereinanderstapeln. Warum ist das wichtig? Weil Proteine am längsten, Kohlenhydrate am zweitlängsten Zeit in Anspruch nehmen, um verarbeitet werden. Stark wasserhaltige Lebensmittel hingegen werden am schnellsten verdaut. Obst als Nachspeise wird dann – obwohl schnell verdaulich – als Letztes verdaut und gärt bereits im Magen, wenn wir zuvor üppig Proteine und Kohlenhydrate gegessen haben. Wir leiden dann unter Magenschmerzen und Blähungen. Es ist also nicht nur wichtig, Kalorien zu zählen, sondern auch darauf zu achten, dass die abendliche Ernährung nicht im Magen liegen bleibt und den Schlaf und die Regeneration beeinträchtigt.

Und was ich besonders wichtig finde: **Zelebrieren Sie Ihre Mahlzeiten!** Decken Sie Ihren Tisch mit Hingabe. Dekorieren Sie ihn mit frischen Blumen, einer Kerze, feiner Tischwäsche, polierten Gläsern, stilvollen Tellern, was immer Ihnen einfällt. Arrangieren Sie Ihre Mahlzeit einladend auf dem Teller. Das Auge isst mit!

»Das Essen soll zuerst das Auge erfreuen
und dann den Magen.«
Johann Wolfgang von Goethe

Ein gesünderes Leben

Flexitarische Ernährung:
pflanzliche Lebensmittel
als Grundlage

+ SAISONAL REGIONAL
- kurze Lieferwege der Lebensmittel beachten
- heimische Produkte
- bunte Vielfalt an Obst und Gemüse
- auf Frische achten
- nach Jahreszeit einkaufen

+ ZEIT ZUM ESSEN
- Essen zelebrieren
- nicht nebenbei essen
- gründlich kauen
- Verdauung beginnt im Mund
- Sättigung nach 15-20 Minuten

+ KEINE FERTIGGERICHTE
- je stärker verarbeitet, desto ungesünder
- keine Dosen
- keine Fertiggerichte
- keine Fleischalternativen

+ SCHONENDE ZUBEREITUNG
- kurze Garzeiten
- Dampfgaren
- Gebackenes, Gebratenes, Gegrilltes, und Frittiertes in Maßen

Abbildung 9: Verschiedene Aspekte der flexitarischen Ernährung

Die Muskelmasse nimmt mit zunehmendem Alter ab. Daher ist es sinnvoll, zu jeder Mahlzeit ein **proteinreiches Lebensmittel** wie Milch und Milchprodukte, Eier, Hülsenfrüchte, Fisch und Tofu in den Speiseplan zu integrieren.

Auf welche **Vitamine und Mineralstoffe** müssen wir ab 60 Jahren besonders achten? Die Knochendichte nimmt bereits ab einem Alter von 30 Jahren stetig ab. Mit dem Sinken des Hormonspiegels und verminderter körperlicher Aktivität beschleunigen sich die Abbauprozesse. Durch ausreichende **Calcium- und Vitamin D-Zufuhr** kann die Abnahme der Knochendichte verlangsamt werden. Das fettlösliche Vitamin D fördert die Calciumaufnahme und den starken Knochenbau, stärkt die Muskeln und bewahrt dadurch vor folgenschweren Konsequenzen bei Stürzen. Der Körper kann zwar selbst Vitamin D in der Haut unter Einfluss von Sonnenlicht bilden, doch im Alter lässt diese Fähigkeit um das 4-Fache nach. Die natürlichen Nahrungsquellen für Vitamin D sind in größeren Mengen nur in fettem Fisch, wie Hering, Aal, Lachs, Sardine und Thunfisch, Pilzen und Eiern enthalten. Daher macht es Sinn, Vitamin D als Supplement einzunehmen – Empfehlung: 20 Mikrogramm Vitamin D in Form von Tropfen. Sprechen Sie mit Ihrem Arzt über Ihre individuelle Dosierung! Wenn Sie mit der Nahrung zu wenig Calcium zu sich nehmen, greift Ihr Körper auf die Calciumspeicher der Knochen zurück. Der Calciumbedarf älterer Menschen liegt bei 1000 bis 1200 Milligramm pro Tag. Reich an Calcium sind Milch, Milchprodukte und deren pflanzliche Alternativen. Unter den Gemüsesorten sind Brokkoli, Spinat und Mangold calciumreich sowie Kräuter, Hülsenfrüchte und Vollkornprodukte.

Wie wir wissen, **verlangsamt** sich unser **Stoffwechsel im Alter.** Während der Fettanteil im Körper steigt, nehmen Wassergehalt und Muskelmasse ab. Wir benötigen noch genauso viele Vitamine und Mineralstoffe, aber immer weniger Kalorien.»Wie ein Scheunendrescher essen«, sich den Bauch vollschlagen bleibt daher nur in jungen Jahren ohne größere Folgen. Bei Frauen und Männern verändert sich die Körperzusammensetzung im Alter auf unterschiedliche Art und Weise. Bei beiden Geschlechtern sinkt die Menge der Sexualhormone, die Muskulatur schwindet und das Fettverteilungsmuster ändert sich. Bei älteren Männern lagert sich verstärkt Fett im Bauchraum an, bei Frauen eher am

Gesäß und an den Oberschenkeln (Lumish, H. S. et al., 2020). Zudem lagert sich bei älteren Menschen Fett in Geweben, in denen physiologisch gesehen kein Fett vorhanden ist, an. Diese **ektopische Fettverteilung** zeigt sich in der Leber, der Bauchspeicheldrüse und in der Skelett- und Herzmuskulatur (Kuk et al., 2009). Die Folgen sind **Fettstoffwechselstörungen** oder Insulinresistenz.

Ab welchem Körpergewicht wird es wirklich bedenklich für unsere Gesundheit? Um das kritische Körpergewicht zu beurteilen, wird häufig der **Body-Mass-Index (BMI)** herangezogen. Dieser wird anhand des Köpergewichtes, der Körpergröße und des Alters ermittelt. Er lässt jedoch außer Acht, dass die Körpergröße mit zunehmendem Alter abnimmt und sich die Fett- und Muskelanteile verändern. Die Wissenschaftler sind sich uneins, wie diese Gegebenheiten berücksichtigt werden können. Einig hingegen sind sich alle, dass **Adipositas** (Fettleibigkeit) in jeglicher Altersgruppe vermieden werden sollte (Sanchez-Lastra, M. A. et al., 2023).

Die Adipositas wird in drei Stufen eingeteilt:
BMI 30–34,9 kg/m²: Adipositas Grad I
BMI 35–39,9 kg/m²: Adipositas Grad II
BMI > 40 kg/m²: Adipositas Grad III

Langfristige Folgen von Adipositas sind Erkrankungen des Bewegungsapparates, Bluthochdruck, Herz-Kreislauf-Erkrankungen, Diabetes und Gallenblasenerkrankungen.

Mehr als die Hälfte der Erwachsenen in Deutschland ist übergewichtig, fast ein Viertel krankhaft übergewichtig (Deutsche Adipositas Gesellschaft e. V., 2023).

Die gute Nachricht ist: Angewohnheiten lassen sich ändern. Die schlechte Nachricht ist: Es geht nicht von heute auf morgen.

Es kostet Ausdauer, Disziplin, Geduld, Wut und Tränen. Es ist eine Frage des Wissens und Wollens, den Willen aufzubringen, sich Ziele zu setzen und konsequent zu verfolgen.

Wenn Sie Gewicht reduzieren wollen, machen Sie **kleine Schritte** wie: Nehmen Sie sich Zeit zum Essen, reduzieren Sie Zucker und Fett und essen Sie nicht auf, nur weil noch etwas auf dem Teller liegt. Nehmen Sie keine radikalen Umstellungen vor! Belohnen Sie Ihre Fortschritte im Abnehmen mit einem kulturellen Event, einem Spaziergang an der frischen Luft oder was immer Ihnen Freude bereitet. Erste positive Effekte stellen sich schon nach wenigen Wochen ein. Nehmen Sie sich Zeit, um Ihr Ziel nachhaltig zu erreichen.

Eine sinnvolle Möglichkeit, Kalorien zu reduzieren, stellt auch das **Intervallfasten** dar. Entweder Sie fasten täglich im 16:8-Rhythmus, das heißt 16 Stunden fasten und 8 Stunden am Tag normal essen. Oder Sie fasten in einem wöchentlichen 5:2-Rhythmus – 5 Tage normal essen und 2 Tage lang fasten. Der Vorteil beim Intervallfasten ist, immer wieder zeitlich begrenzt auf unsere Reserven zuzugreifen. Dabei verlangsamt sich der Stoffwechsel nicht und es wird keine Muskulatur abgebaut. Der Jo-Jo-Effekt tritt daher nicht ein. Tierversuche haben belegt, dass regelmäßiges Kurzfasten die Lebenserwartung erhöht und das Risiko für altersbedingte Erkrankungen senkt (Mitchell et al., 2019). Die Ergebnisse ließen sich bisher noch nicht beim Menschen nachweisen.

Der Kampf gegen überflüssige Pfunde wird meist von einer Nährwerttabelle begleitet. Das **Kalorienzählen** ist durchaus sinnvoll, um überhaupt zu wissen, wie viel Energie der Körper aufnimmt.

Dadurch ist es überhaupt erst möglich, den eigenen Bedarf an Kalorien zu ermitteln und sich nach ihm zu richten. Doch vergessen Sie nicht die **Zusammensetzung der Nahrungs-bestandteile!** Sie hat entscheidenden Einfluss darüber, wie unser Körper die Lebensmittel verwertet. Ob ich einen Berliner oder ein selbstgemachtes Beeren-Porridge mit der vergleichbaren Kalorienmenge zu mir nehme, macht einen großen Unterschied. Der Mangel an gesunden Inhaltsstoffen und die Transfette, die ein Gesundheitsrisiko darstellen, laufen dem Berliner den Rang ab. Nahrungsmittel mit gesunden Inhaltsstoffen finden sich in Bioprodukten. **Bevorzugen Sie daher möglichst Bioqualität.** Die Energie aus dem Berliner ist schnell verfügbar, da der darin enthaltene Zucker aus kurzkettigen Kohlenhydraten besteht. Dadurch steigt aber der Insulinspiegel rasant an. Der Zucker wird schnell den Körperzellen zugeführt und der Überschuss in den Fettzellen gespeichert. Die Haferflocken im Porridge – mit derselben Kalorienmenge wie der Berliner – hingegen bestehen aus langkettigen Kohlenhydraten, die den Glukosespiegel nicht in die Höhe treiben. Der Körper kann diese Energie in Ruhe verwerten.

Kurz gesagt: Besser **Qualität statt Quantität** zu sich nehmen! Ich empfehle Ihnen hierzu die Lektüre von Jessie Inchauspés Praxisbuch **»Der Glukose-Trick«** (2022). Die französische Autorin beschreibt darin, wie schädliche Schwankungen des Insulinspiegels, die über den Tag verteilt häufig auftreten, vermieden werden können. Diese ernährungsbedingten Schwankungen sind Auslöser für die leidigen Fettpölsterchen, Stimmungsschwankungen und unreine Haut. Auch sie empfiehlt, die Reihenfolge der Nahrungsaufnahme einzuhalten – zuerst das Gemüse und die proteinhaltigen Speisen zu sich zu nehmen und danach erst die Kohlenhydrate. Die Ernährungsexpertin verrät uns einen Trick, um den Blutzuckerspiegel in Zaum zu halten: **Trinke vor jeder Mahlzeit ein Glas Wasser mit einem Esslöffel Apfelessig.** Der Essig sorgt dafür, dass die Glukose langsamer in den Blutkreislauf gelangt, und erhöht das Tempo, mit dem die Muskeln sie aufnehmen und in Glykogen umwandeln (Inchauspé, J., 2022, S. 225–240).

Punkt 3 der Ernährungsempfehlung: **weniger Salz und Zucker.** In unserer westlichen Welt haben wir eine riesengroße Auswahl an Lebensmitteln, die uns zur Verfügung steht. Wir können uns aussuchen, was auf unserem Teller landet. Was essen Sie am liebsten? Salzig oder süß? Oder beides? Lange Zeit war Salz ein wertvolles Gut. Weil es sich ebenso zum Würzen wie zum Haltbarmachen von Fleisch eignet, galt es als das »weiße Gold« der früheren Hochkulturen. Im 19. und 20. Jahrhundert wandelte sich Salz zum billigen Alltagsprodukt. Auch Zucker war einst ein Luxusprodukt und steht heute kostengünstig zur Verfügung.

Salz regelt unseren Flüssigkeitshaushalt. Ein Zuviel an Salz führt allerdings zu Herz-Kreislauf-Erkrankungen. Meist ist das Salz in rauen Mengen in verarbeiteten Lebensmitteln versteckt und wir gewöhnen uns an das Übermaß an Salz. Sie können ermitteln, inwieweit Sie sich schon an das Salz gewöhnt haben, indem Sie einmal eine Woche auf verarbeitete Speisen verzichten. Sie werden sich wundern, wie extrem salzig manches schmeckt. Jeder, der schon einmal gefastet hat, kennt dieses Phänomen. DGE und WHO empfehlen 5 bis 6 Gramm Salz am Tag. Das entspricht etwa einem Teelöffel. Ein Zuwenig an Salz signalisiert uns unser Körper mit nachlassendem Durstgefühl, zu niedrigem Blutdruck und Schwindel. Unser Körper dankt uns für eine angemessene Salzzufuhr.

Zucker steckt in fast allen verarbeiteten Lebensmitteln und ist kaum zu umgehen. In jeder Konserve ist Zucker als Geschmacksverstärker enthalten. Schauen Sie sich die Zutatenliste der Fertigprodukte immer wieder einmal an. Leider ist Zucker oftmals gar nicht auf der Zutatenliste auszumachen und versteckt sich in Angaben wie Dextrose, Saccharose, Maltodextrin, Glukosesirup, Magermilchpulver, Süßmolkenpulver, Gerstenmalzextrakt oder Ähnliches. Auch beim Zucker kommt es zur Gewöhnung, und wir können Zucker daher häufig in industriell verarbeiteten Lebensmitteln überhaupt nicht mehr wahrnehmen.

Ob Zucker oder Salz: Sparsamer Gebrauch ist angesagt! Die Dosis macht das Gift! Entwickeln Sie ein Bewusstsein für den eigenen Salz- und Zuckerkonsum. Ich selbst benutze kaum Salz und Zucker, schmecke meine Speisen lieber mit Gewürzen und Kräutern ab. Sie wirken entzündungshemmend, antiviral, antibakteriell und pilzbekämpfend. Ingwer, Kurkuma, Cayennepfeffer, Basilikum, Gewürznelken, Kümmel, Rosmarin, Thymian, Oregano und Knoblauch kurbeln zudem den Stoffwechsel an. Tauchen Sie ein in die Welt der Kräuter und Gewürze. Es lohnt sich!

Die im Zucker enthaltenen **Advanced glycation end-products** (AGEs) beschleunigen den Alterungsprozess. Einen Teil der AGEs scheidet unser Körper aus, der Rest verbleibt im Körper und lagert sich dort über Jahre an. Es kommt zur Glykation, einer Überzuckerung von Membranen und Gefäßen. Die Zellalterung schreitet schneller voran. Die Haut verliert an Spannkraft. Langzeitfolgen sind Antriebslosigkeit und Arteriosklerose.

Gibt es ein Gegenmittel für den schnellen Alterungsprozess in Form eines Lebensmittels? Erfreulicherweise ja! Verschiedene Gemüsesorten, die **Antioxidantien** enthalten. Diese **Anti-Aging-Nahrungsmittel** können die Haut vor freien Radikalen schützen und damit vor schädlichen Umwelteinflüssen bewahren. Freie Radikale sind Sauerstoff- und Stickstoffverbindungen, die während des Stoffwechsels anfallen oder aber durch äußere Einflüsse wie Umweltgifte, UV-Strahlen und Stress entstehen. Sie reagieren schnell mit anderen Molekülen, da ihnen ein Elektron fehlt, und entreißen diesem daher das fehlende Elektron. Das geschädigte Molekül geht jetzt ebenfalls auf »Elektronenjagd«. Es entsteht eine Kettenreaktion. Antioxidantien unterbrechen diese Reaktion. Sie verhindern eine weitere Reaktion, indem sie freiwillig ein Elektron abgeben, ohne dann selbst wieder auf Jagd zu gehen. In den Gemüsesorten wie grünem Blattgemüse, Tomaten, Karotten, Kartoffeln, Brokkoli und Grünkohl sind besonders viele hilfreiche Antioxidantien enthalten.

Auch die im Gemüse enthaltenen **sekundären Pflanzenstoffe** verlangsamen die Zellalterung. Beispielsweise enthält auch grüner Tee reichlich sekundäre Pflanzenstoffe.

Weitere Anti-Aging-Nahrungsmittel sind gesunde pflanzliche Fette wie **mehrfach ungesättigte Fettsäuren**. Verzichten Sie weitgehend auf gesättigte Fettsäuren. Ersetzen Sie diese durch Omega-3- und Omega-6-Fettsäuren, die vor allem in Fisch, Leinsamen, Nüssen, Avocado und pflanzlichen Ölen vorkommen. Ich selbst esse sehr gern Quark. Natürlich schmeckt auch mir ein Sahnequark besser als ein Magerquark. Trotzdem nehme ich den fettarmen Magerquark, dessen niedrigen Fettanteil ich mittels pflanzlicher statt tierischer Fette erhöhe. Bevorzugt wähle ich natives Leinöl angereichert mit Mandrinen-, Orangen-, Vanille- oder Granatapfelöl. Sehr lecker und gesund! Es gibt unzählige exzellent schmeckende Öle – verwöhnen Sie Ihren Gaumen!

Ein gesünderes Leben

Ernährungstipps
60+

+ MAKRO- UND MIKRO- NÄHRSTOFFE

- proteinreich essen
- 20 Mikrogramm Vitamin D/Tag
- 1.000-1.200 mg/Tag Calcium

+ ÜBERGEWICHT

- weniger als früher essen
- Kurz-/Intervall- fasten
- Qualität vor Quantität
- Zeitpunkt und Reihenfolge der Nahrung beachten

+ TIPPS

- 1 Glas Wasser mit 1 EL Apfelessig vor jeder Mahlzeit
- sparsamer Gebrauch von Salz und Zucker stattdessen Kräuter und Gewürze (Knoblauch, Ingwer, Kurkuma, Rosmarin, Basilikum)
- mehrfach ungesättigte Fettsäuren (Speiseöle, Nüsse, Fisch) bevorzugen
- Antioxidantien (grüner Tee, grünes Blattgemüse, Tomaten, Brokkoli)
- mehrfach ungesättigte Fettsäuren (Fisch, Speiseöle, Nüsse, Samen)

Abbildung 10: Ernährungstipps für 60+

Faktor 2: Unsere Bewegung

»Kümmere dich um deinen Körper.
Es ist der einzige Ort,
den du zum Leben hast.«
Jim Rohn

Bewusst werden wir uns dieser Tatsache erst dann, wenn unser Körper streikt, wenn uns beim Hinsetzen der Rücken schmerzt, beim Liegen die Knie anschwellen, beim Treppensteigen die Luft ausgeht oder die Gelenke krachen. Kurz gesagt: wenn unser Körper nicht mehr das macht, was wir wollen! Zwei wesentliche Probleme, die dadurch mit der Zeit und zunehmendem Alter auf uns zukommen, sind zum einen die abnehmende Fähigkeit, alltägliche Dinge zu meistern und zum anderen die erhöhte Sturzgefahr.

Glücklicherweise ist es nie zu spät, um mit Sport und aktiver Bewegung zu beginnen. Menschen, die unter chronischen Erkrankungen leiden, können mit regelmäßiger Bewegung noch gegensteuern. Es gibt immer einen Weg zurück! Grundsätzlich kennt körperliche Aktivität keine Altersgrenzen. Auch kommt uns die Tatsache entgegen, dass unsere Beine bewegt werden möchten. Zum Liegen und Sitzen ist der Mensch mit seinem aufrechten Gang nicht gemacht! Beim langen Liegen fließt das Blut nicht mehr vollständig aus den Beinen. Es entstehen Krampfadern und Besenreiser. Deshalb ist es besser, aktiv mit dem Fahrrad oder zu Fuß seine Ziele zu erreichen, den Garten auf Vordermann zu bringen, die Treppe anstelle des Fahrstuhls zu benutzen und selbst die Kisten in den Keller zu schleppen. Nutzen Sie einfach jede Chance auf Bewegung!

Wer möglichst häufig und vielfältig körperlich aktiv ist, steigert sein Wohlbefinden und zögert den körperlichen und geistigen Abbau für lange Zeit hinaus. Idealerweise bewegen Sie sich dreimal die Woche jeweils eine Stunde oder auch mehr, wenn Sie Gefallen daran finden. Damit legen Sie den Grundstock, in jedem Alter Ihr Leben noch unabhängig zu gestalten. Ich weiß – da meldet sich permanent der **innere Schweinehund!** Er liebt den Müßiggang und setzt alle Kniffe ein, um seine Komfortzone nicht verlassen zu müssen. Er lockt mit dem Sofa, dem Fernsehapparat und den leckeren Erdnüssen, verdammt das schlechte Wetter und findet ständig andere Ausreden für uns. Halten Sie dagegen!

Welche Vorteile bringt es Ihnen, wenn Sie sich regelmäßig bewegen? Sie verbessern Ihre Herz-Kreislauf-Funktion, Ihre Blutfettwerte und die Blutzucker-Regulation, Ihre Beweglichkeit und das Körpergewicht sowie Ihre mentale Gesundheit und den Schlaf. Sie fördern Ihre Muskelkraft, Ihre Koordinationsfähigkeit, Ihren Gleichgewichtssinn und wirken dem Knochenschwund entgegen.

Welch neue Lebensqualität eröffnet sich Ihnen durch diese hinzugewonnene Aktivität!

Abbildung 11: Was Bewegung im Alter bewirkt

Dass Bewegung essenziell wichtig für uns ist, steht außer Frage. Unser Körper benötigt aktive Betätigung, um reibungslos funktionieren zu können. So wie eine Automatikuhr regelmäßige Bewegung benötigt, um nicht stehen zu bleiben, brauchen wir sie auch.

Bewegung bringt unser Herz auf Touren.

Unser Herz als zentrale Pumpstation treibt unseren Blutkreislauf an und hält uns am Leben. Wir können den Herzmuskel wie jeden Muskel trainieren und fit halten. Das Herz vergrößert sich durch regelmäßige Bewegung, dadurch kann es mehr Blut pro Herzschlag durch den Körper pumpen. Wir werden besser mit notwendigem Sauerstoff versorgt.

Im Ruhezustand beträgt die Herzfrequenz eines Ausdauersportlers etwa 40 bis 50 Schläge pro Minute, beim Untrainierten 60 bis 90 Schläge. Die geringere Herzschlagzahl des trainierten Menschen verlängert dessen Lebensdauer (Berufsverband deutscher Internistinnen und Internisten, 2022).

Koronare Herzkrankheiten und Bluthochdruck sind weltweit – neben anderen Krankheiten – auf dem Vormarsch und werden häufig mit einem Mangel an körperlicher Aktivität verbunden. Die Morbidität und Mortalität nehmen dadurch zu. Folge ist, dass die individuelle Lebensqualität ab- und die wirtschaftlich-gesellschaftliche Belastung zunimmt. Als Reaktion auf diesen Trend wurde im April 2021 die »**Hamburger Erklärung**« verfasst. Darin werden nationale und internationale politische Entscheidungsträger aufgefordert, konkrete Maßnahmen zur Förderung von täglicher körperlicher Aktivität auf Bevölkerungsebene und im Gesundheitswesen zu fördern. Endlich! Am 29. Juni 2023 ist eine open-access Publikation zur Hamburger Deklaration mit folgendem Inhalt erschienen: Fördern Sie körperliche Aktivität. Betreiben Sie Lobbyarbeit. Die körperliche Betätigung muss auf den Einzelnen zugeschnitten sein, auf sein Alter, sein Geschlecht, seine sozioökonomischen und kulturellen Verhältnisse. Nutzen Sie die neueste Technologie und fördern Sie mehr randomisiert-kontrollierte Studien

(Steinacker, J., 2023). Ich bin gespannt, was daraus entstehen wird!

China ist ein Vorzeigeland für den Breitensport. Beispielsweise gehen Chinesen mittags in die »Gaming Area« ihres Unternehmens und spielen Tischtennis oder Billard. Auch Qigong ist sehr beliebt. Für die breite Bevölkerung Chinas wurden Programme zur Förderung der Gesundheit von Familien erstellt, zum Beispiel das »1-2-1-Projekt«. In diesem Projekt soll jeder mindestens einmal täglich Sport treiben, mindestens zwei Trainingsmethoden beherrschen und sich einmal jährlich ärztlich untersuchen lassen. Jede Familie sollte mindestens ein Sportgerät besitzen, und in jedem Wohnviertel sollte ein Sportplatz zur Verfügung stehen. Es gibt bei uns noch viel zu tun!

Welche Funktion haben Herz und Blutkreislauf? Das Herz dient als Pumpstation, die Blutadern als Transportwege. Jede einzelne unserer Körperzellen wird dadurch mit Sauerstoff und Nährstoffen – wie Kohlenhydraten, Fetten, Proteinen, Mineralstoffen, Vitaminen und Spurenelementen versorgt und – besonders wichtig – auch mit Wasser. Stoffwechsel- und Abfallprodukte werden über die Blutadern anschließend wieder abtransportiert.

Sobald wir körperlich aktiv sind, bringen wir nicht nur unseren Blutkreislauf in Schwung, sondern auch das Lymphgefäßsystem. Im Lymphgefäßsystem fließt eine hellgelbe Flüssigkeit namens Lymphe. Sie transportiert all die Nähr- und Abfallstoffe sowie Fremdkörper, die nicht über den Blutkreislauf zirkulieren können. Die Lymphe passiert etliche Lymphknoten, wo sie gereinigt wird. Dabei werden Bakterien und Viren zerstört oder Zellabfälle aussortiert. Die Leber und die Niere übernehmen nach diesem Vorgang die endgültige Ausscheidung dieser Stoffe. Das Lymphgefäßsystem ist im Gegensatz zum Blutgefäßsystem kein in sich geschlossenes Netzwerk. Beide ziehen parallel ihre Bahnen durch den Körper. Es besitzt auch keine »Pumpe«, sondern wird durch Muskelkontraktionen aus dem Zustand der Passivität angetrieben. Spezielle Lymphgefäßabschnitte, die sogenannten Lymphherzen, sind für den Weitertransport der Lymphe zuständig. Sie sind eine Art Schrittmacher, die den Takt angeben. Je schneller wir uns bewegen, desto schneller treiben sie das System an. Der Blutkreislauf und das Lymphsystem bilden unser Ver- und Entsorgungssystem. Es bleibt aber nicht selbstständig in Bewegung, sondern ist auf unseren körperlichen Einsatz, unsere Aktivität angewiesen. Ihr körperliches Engagement ist die Ressource für das Funktionieren der Lymphe.

Aus diesem Grunde rate ich Ihnen: **Seien Sie mindestens eine halbe Stunde am Tag aktiv**, um Ihr Herz-Kreislauf-System auf Trab zu halten und Ihren Körper mindestens einmal am Tag zum Schwitzen zu bringen. Das kurbelt die Durchblutung an und erhöht Ihre Körpertemperatur. Ihr Blutkreislauf und Ihr Lymphsystem werden es Ihnen danken!

Die WHO hat am 26. November 2020 neue Leitlinien zur körperlichen Aktivität veröffentlicht. Diese empfehlen älteren Menschen ab 65 Jahren:

Ausdauersport: mind. 150–300 Min./Woche
Krafttraining: mind. 2 Tage/Woche für alle Muskelgruppen
Koordinationstraining und Gleichgewichtsübungen: mind. 3 Tage/Woche

Ein paar Worte noch zum **Ausdauersport** wie Joggen, Walken, Wandern, Bergsteigen, Radfahren und Schwimmen. Er wirkt sich nachweislich positiv auf den Stoffwechsel aus und senkt damit das Risiko für Herz-Kreislauf-Erkrankungen. Das Trainingspensum sollte individuell angepasst werden. Höchstleistungen in Bezug auf die Ausdauer sind oft Mitte bis Ende des 20. oder Anfang des 30. Lebensjahres erreicht. Für Profisportler neigt sich die Karriere mit Mitte 30 meist dem Ende zu. Nach dem 30. Lebensjahr nimmt die **maximale Sauerstoffaufnahme** »VO2max« bei Männern um 10 Prozent und bei Frauen um 8 Prozent ab. Der VO2max-Wert gibt Auskunft darüber, wie viel Sauerstoff ein Mensch während einer Belastung aufnehmen und verwerten kann. Gemessen wird dieser Wert während einer Belastung – auf dem Laufband oder dem Ergometer – mit zunehmender Intensität. Ihnen wird eine Atemmaske aufgesetzt, Ihre Atemgase werden gemessen und analysiert. Je mehr Blut pro Minute vom Herz gefordert wird und durch den Kreislauf fließt, desto mehr Sauerstoff wird aus der Atemluft durch Gasaustausch ins Blut aufgenommen und zur Arbeitsmuskulatur transportiert. Die maximale Sauerstoffaufnahmekapazität spiegelt demnach die kardiorespiratorische Leistungsfähigkeit der Testperson wider. Mit anderen Worten: die maximale Sauerstoffkapazität liefert eine Aussage über das Fähigkeit unseres Herz-Kreislauf- und Atmungssystems genügend Sauerstoff für unsere Energiegewinnung zur Verfügung zu stellen. Diesen Test können Sie von einem Arzt oder einem Fitnesstrainer durchführen lassen. Ich selbst kontrolliere damit immer wieder mein Fitnesslevel. Alternative Messverfahren ermitteln die VO2max anhand der Herzfrequenz oder des Herzminutenvolumens.

Ihr **biologisches Alter** im Vergleich zu ihrem chronologischen Alter können Sie bestimmen lassen. Der Fokus liegt dabei auf Ihrer körperlichen Leistungsfähigkeit. Der Test liefert zwei Ergebnisse als Schätzwerte: Ihr biologisches Alter (Fitness-Alter) und Ihre maximale Sauerstoffaufnahme VO2max. Um den Wert zu ermitteln benötigen Sie folgende Daten: Alter, Geschlecht, Körpergröße, Gewicht, Bauchumfang, Ruhepuls sowie Trainingshäufigkeit, -intensität und -dauer. Prof. Ulrik Wisløff an der Norwegian University in Trondheim hat bei rund 5.000 Probanden die Sauerstoffaufnahmefähigkeit untersucht und den Begriff »Fitness-Alter« geprägt. Er entwickelte den »Calculator«, den Sie unter www.worldfitnesslevel.org abrufen können. Damit können Sie die VO2max ohne Laufband oder Ergometer ermitteln. Auf dieser Grundlage erhalten Sie dann den Wert für Ihr biologisches Alter.

Dieser Wert ist nur ein Richtwert, da er keine medizinischen Daten enthält. Wenn Sie es noch genauer wissen wollen, lassen Sie einen **epigenetischen Test** erstellen. Hierzu sind eine Speichelprobe und Informationen zu Lebensstil und Ernährung nötig. Was ist Epigenetik? Das Forschungsgebiet der Epigenetik untersucht, welchen Einfluss unser Lebensstil und unsere Umwelt auf unsere Gene ausübt. Veränderungen im Lebensstil durch Ernährung, Sonneneinstrahlung, Umweltverschmutzung oder Stress hinterlassen chemische Markierungen auf unserer DNA. Diese Mechanismen sind vereinzelt reversibel, d.h. wie haben Einfluss auf unsere Gene und damit auf unsere Alterung.

Der Rückgang der VO2max liegt in der Abnahme der Kapillar- und Mitochondriendichte in der Arbeitsmuskulatur begründet – anderen Worten: in der Abnahme der Dichte der kleinsten Blutgefäße und der Dichte der Kraftwerke der Zellen. Dem können Sie effektiv mit Bewegung entgegenwirken. Ab dem 60. Lebensjahr verlieren Sie Muskelmasse, besonders die schnell arbeitenden Muskelfasern vom Typ 2 – mehr dazu können Sie im folgenden Abschnitt über den Muskelaufbau lesen.

Daher nehmen im Alter die Schnelligkeit und die Maximalkraft deutlich schneller ab als die Ausdauer. Oft treten noch über

80-jährige Menschen zu einem Marathon an! Das zeigt, dass ein gut strukturiertes Training im Alter den Rückgang der maximalen Sauerstoffaufnahme deutlich verzögern kann. Entscheidend für den Erfolg sind sowohl hohe als auch moderate Trainingsintensitäten. Ideale Voraussetzungen dafür sind Leistungsdiagnostiken wie die Ermittlung der VO2max und regelmäßige medizinische Checks. Um der Verringerung der Schnellkraft und dem Muskelabbau entgegenzuwirken, sind Intervalleinheiten sinnvoll. Diese sogenannten Tempoläufe wechseln mit leichtem Traben. Zum Beispiel werden 8x 400 Meter in einer relativ hohen Geschwindigkeit, in einem Renntempo, absolviert, danach werden Trabpausen eingelegt mit zum Beispiel 200 Meter in sehr langsamem Tempo. Diese hochintensive Belastung muss gut vor- und nachbereitet werden, daher ist ein ausführliches Warm-up zu Beginn und ein lockeres Auslaufen am Ende durchzuführen.

Mit welcher Zielsetzung Sie welche Sportart betreiben können und vielleicht auch sollten, erkläre ich Ihnen im weiteren Verlauf des Buches. Im Moment zählt nur, **dass** Sie sich bewegen. Bitte am Anfang nicht zu viel Ehrgeiz an den Tag legen, lieber an den Spaßfaktor denken!

»Eine Reise von tausend Meilen
beginnt mit einem kleinen Schritt.«
Laotse

Bewegung fördert den Muskelaufbau

– sogar im fortgeschrittenen Alter! Wir sind dem altersbedingten Verfall nicht schutzlos ausgesetzt. Der Alterungsprozess lässt sich zwar nicht vollständig aufhalten, doch wir können die Symptome der Alterung drosseln.

Ab wann beginnt der altersbedingte Muskelabbau? Laut einer Studie aus dem Jahr 2000 setzt er bereits ab dem 20. Lebensjahr ein (Melton, L. J. et al., 2000). Ab einem Alter von 40 Jahren kommt es zu einem schnelleren Verlust von Typ-II-Muskelfasern (Lee. E.-J. et al., 2021). Diese Muskelfasern vom Typ II sind kraftvoll und stark kontrahierend, während die vom Typ I ausdauernd und langsam kontrahierend sind. Je nachdem welche Bewegung ich ausführe, werden entsprechende Muskelfasern beansprucht. Wenn ich Kniebeugen mache, beanspruche ich den Muskelfasertyp II. Gehe ich joggen, beanspruche ich den Typ I. Der Muskelfasertyp II wird vor allem bei Gewichthebern, der Muskelfasertyp I bei Ausdauersportlern aktiviert. Das bedeutet, dass es im Alter vornehmlich zur Abnahme von Kraft und Muskelvolumen kommt. Dadurch erhöht sich das Risiko von Verletzungen bei Stürzen. Betreiben Sie Sturzprophylaxe, indem Sie zweimal pro Woche ein **Muskelaufbautraining** durchführen.

Ist Muskelaufbau im Alter überhaupt noch möglich? Eine Studie belegt, dass ältere Menschen noch genauso viel Muskulatur im gleichen Zeitraum aufbauen können wie jüngere (Mayhew, D. L. et al., 2009). In der Studie wurden jüngere Probanden mit einem durchschnittlichen Alter von 27,9 Jahren und ältere von 64,4 Jahren 16 Wochen lang einem Krafttraining unterzogen, ohne dass die Teilnehmer Erfahrung mit Gewichttraining hatten. Beide Gruppen erreichten die gleiche Rate an Muskelzuwachs unabhängig vom Alter.

Mich interessiert dabei, ob Muskelaufbau im Alter auch für uns Frauen möglich ist. Ja, ist es! Eine Studie konnte zeigen, dass Krafttraining von jungen Frauen im Alter von 18 bis 25 Jahren und Frauen im Alter von 50 und 60 Jahren über einen Zeitraum von 8 Wochen in beiden Altersgruppen zu einer gleichen Zuwachsrate an Muskulatur führte (Loenneke, J. P., 2017).

Selbst 90-Jährige können durch Training mit Gewichten noch Muskulatur aufbauen (Fiatarone, M. A., et al., 1990).

Krafttraining reduziert den neuromuskulären Verfall: Wird Krafttraining korrekt ausgeführt, steigert sich die mechanische Leistung (Kraft mal Geschwindigkeit). Die neu gewonnene Kraft ist auf neuromuskuläre Anpassungen zurückzuführen. Mehr Kraft entsteht durch die Zunahme der Muskelfaserquerschnitte und Anpassungen in Rückenmark und Gehirn. Die Geschwindigkeit, mit der die Kraft im Training erzeugt wird, wird erhöht. In kurzer Zeit Kraft zu entwickeln ist wichtig, um Stürze und Stöße zu vermeiden. Um angemessen und effektiv auf Gefahrensituationen reagieren zu können, bewirkt nachhaltiges Training gezielt ein reaktionsschnelleres Ausbalancieren des Körpergleichgewichts.

Also nichts wie ran an die Hanteln! Es gibt keine Ausrede mehr! Die aktuelle internationale Trainingsempfehlung für ältere Menschen lautet:

Zwei bis drei Einheiten/Woche, acht bis zwölf Wiederholungen und zunächst ein bis zwei Sätze (Runden). Dann langsam auf zwei bis drei Sätze steigern (Izquierdo, M. et al., 2021).

Langfristiges Training erhöht die Nachhaltigkeit!

Eine klassische Trainingsbelastung für progressives Krafttraining im Alter sollte schließlich mindestens dreimal wöchentlich erfolgen. Bei einer Intensität von rund 80 Prozent des Einwiederholungsmaximums (das Gewicht, bei dem nur eine

Wiederholung möglich ist) sind drei bis vier Sätze mit zehn Wiederholungen pro Muskelgruppe sinnvoll (Mayer, F. et al., 2011).

Zu Coronazeiten war mein Fitnessstudio, in das ich bis dahin ging, geschlossen. Auch die Hallenbäder waren nicht verfügbar und ich konnte nur schwerlich auf einen Triathlon trainieren. Ich sann nach einer Lösung und beschloss in dieser Zeit, etwas für meinen Körper zu tun, das Sinn machte. Ich begann mit Krafttraining. Ein paar Jahre zuvor hatte ich drei Fitnesstrainer-Lizenzen erworben und so war mir bekannt, dass mit zunehmendem Alter Muskelaufbau empfehlenswert ist. Ich ging zu einem Spezialisten, Trainer für Gewichtheben und Natural Bodybuilding, und nahm Einzelunterricht – und es bereitete mir unglaublich viel Freude! Das abwechslungsreiche und geführte Training war und ist es noch immer: eine Bereicherung für mein Leben! Nach einem Jahr Krafttraining schlug mir mein Coach vor, einen Wettkampf zu bestreiten. Ich überlegte kurz und willigte freudig ein. Ich begann sofort, mein Training neu und engagiert zu planen und zu intensivieren, denn eine anstehende Konkurrenz ist für mich die höchste Form der Motivation. Erste Ergebnisse meines Einsatzes waren schon zu sehen. Die Muskeln wurden stärker, die Haut straffer und ich fühlte mich rundum wohl und energiegeladen. Und es gab so viel Neues zu tun und zu entdecken. Ich entwarf meinen eigenen Wettkampfbikini, besorgte die nötigen Muscheln, Steinchen und Perlen und ließ das kleine Kunstwerk anhand meiner eigenen Musterzeichnung von einer Schneiderin anfertigen. Ich erwarb sogenannte Wettkampf-High-Heels und übte das stilvolle Gehen und Posen mit diesen »hohen Hacken« – nicht immer so ganz einfach! Ich hielt Diät nach Vorgabe und entwässerte meinen Körper kurz vor dem Wettkampftermin. Das anvisierte Momentum war perfekt vorbereitet und stellte sich ein: Im November 2022 trat ich in Los Angeles an! Unfassbar – ich gewann nach knapp zweijährigem Einstieg den Weltmeistertitel »Bikini Ultra Masters 60+«. Eine Woche später in Las Vegas winkte der Titel »Mrs. Natural Olympia«. Es war einfach meine Zeit – ich gewann auch dort. Was bleibt? Ein stark im Gedächtnis verankertes, beeindruckendes Ereignis, eine tolle Reise, ein besonderes Event mit ebenso engagierten Teilnehmern und Begegnungen.

Abbildung 12: Fotos aus meinem Trainingsalltag

Abbildung 13: Fotos aus meinem Trainingsalltag

>»Stärke kommt nicht von Gewinnen.
Du wächst an deinen Herausforderungen.
Wenn du auf Widerstände triffst und dich
entscheidest dranzubleiben, das ist Stärke.«
Arnold Schwarzenegger

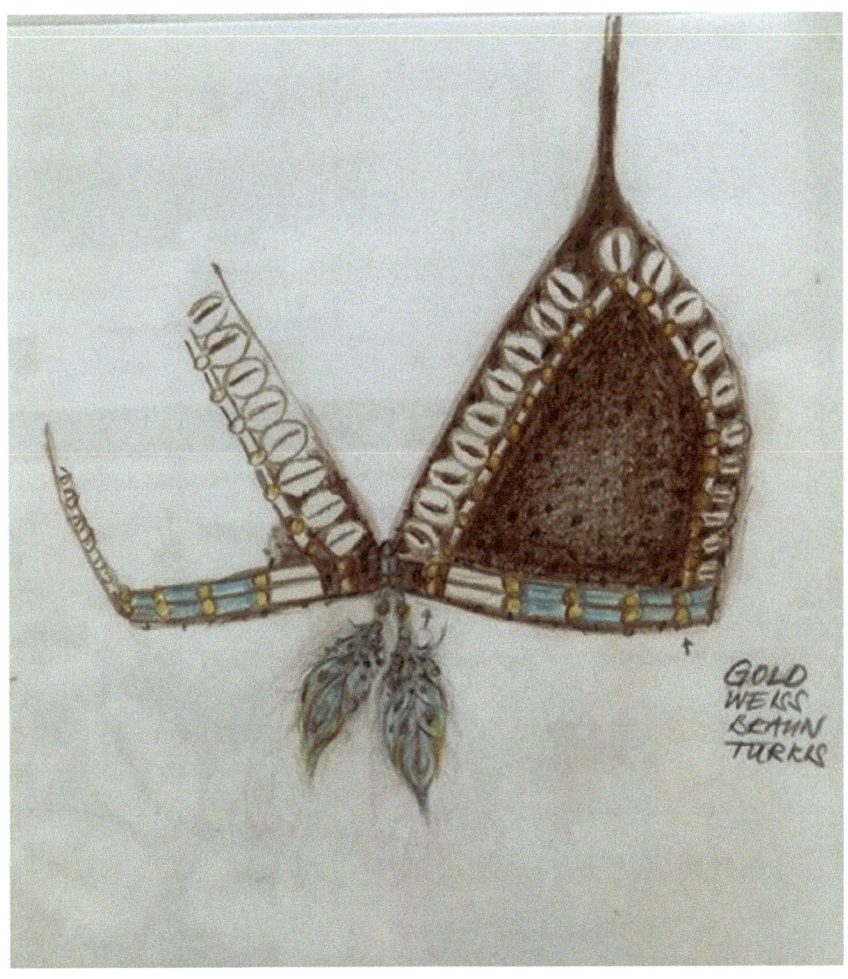

Abbildung 14: Meine Musterzeichnung für den Wettkampfbikini

Abbildung 15: Weltmeistertitel mit 64 Jahren

Beim Bodybuilding werden gezielt Muskeln aufgebaut, um den Körper sozusagen zu modellieren. Besonders wichtig und nicht zu vernachlässigen sind bei dieser Art von Training – aber auch für jegliche körperliche Aktivität generell – die **Faszien**. Sie umhüllen sämtliche Muskeln sowie Organe und verleihen ihnen dabei Form und Stabilität. Sie sind das »Stützkorsett« unseres Körpers. Haben Sie schon einmal eine Rehkeule enthäutet? Dann kennen Sie die weiße, zarte bindegewebige Hülle, die wir Faszie nennen. Alle Faszien im Körper hängen zusammen. Sie bilden ein feinmaschiges Geflecht, das alle Muskeln, Organe, Knochen usw. umhüllt. Nicht nur der Muskel als Ganzes ist umhüllt, sondern jeder einzelne Muskelstrang und jede einzelne Muskelzelle. Ohne Faszien verlören die Muskeln ihre Form, die Knochen ihren Halt und die Organe würden im Körperinneren ihren Halt verlieren. So organisieren Sie die Kraftübertragung der Muskeln und speichern Energie. Der netzartige Aufbau, der sich von Kopf bis Fuß durch unseren Körper zieht, ist wie ein Ganzkörperanzug. Jede Bewegung wirkt sich daher auf diesen »Jumpsuit« aus: Wird an einer Stelle gezogen, ist dies an einer anderen zu spüren. Durch Bewegungsmangel oder Überbelastung verkleben und verfilzen die elastischen Faszien und senden Signale an die Muskeln. Diese schütten Entzündungsstoffe aus. »Wer sich nicht bewegt, verklebt«, betont Faszienforscher Robert Schleip. Faszienzellen können neu gebildet werden. Wir können auf unser Bindegewebe mit richtiger Ernährung und Bewegung Einfluss nehmen.

Elastisch federnde Bewegungen wirken besonders stimulierend. Schwingen Sie das Tanzbein oder veranstalten Sie ein Hüpfspiel mit Ihren Enkeln! Ein wirkungsvolles Gerät ist die Faszienrolle, mit der Sie sich selbst massieren und Verklebungen lösen können. Schieben Sie hierzu auf dem Boden liegend mit ihrem Körper über die Rolle. Dies regt die Durchblutung an, das

Gewebe wird mit Sauerstoff und Nährstoffen versorgt und gleichzeitig werden Stoffwechselprodukte abtransportiert.

Unsere Beweglichkeit nimmt im Laufe unseres Lebens immer mehr ab. Bewegen Sie daher Ihren Körper innerhalb Ihrer Möglichkeiten und des individuellen Bewegungsspielraumes, in dem Ihre Gelenke benutzt werden können, um die fortschreitenden Einschränkungen zu verlangsamen und ein Stück Ihrer alten Beweglichkeit zurückzugewinnen. Bekannt ist, dass Gelenke, die in angemessenem Rahmen unter kompletter Ausnutzung ihres Bewegungsradius genutzt werden, weniger steif werden und keine Arthrose bilden (Schleip, R. & Bayer, J., 2019).

Zwei Mittelschnauzer begleiteten mich 17 erfüllte Jahre meines Lebens und auch derzeit stehe ich freudig den Hunden meiner Freunde als Patentante für Pflege, Spiele, Joggen, Schwimmen und tolle Spaziergänge zur Verfügung. Jeden Tag kann ich bei den Vierbeinern beobachten, wie oft sie sich nach dem Aufstehen strecken und dehnen. Durch das Strecken bereiten sie die Muskulatur instinktiv für die aktiven Phasen vor.

Ahmen Sie die Tierwelt nach! Rekeln Sie sich, strecken Sie sich zur Decke, hängen Sie sich in den Türrahmen, hüpfen Sie wie ein Frosch, bewegen Sie sich wie eine Krabbe oder wie ein Skorpion über den Boden. Machen Sie sich ruhig einmal zum Affen – oder zur Ente oder zum Esel! Sie lachen, aber das gibt es tatsächlich: »**Animal-Moves**«! Das bezeichnet man als ein Bodyweight-Training, das Bewegungsabläufe aus der Tierwelt kopiert. Gar nicht so einfach und ziemlich anstrengend! Mit jedem Animal-Walk verbessert sich die eigene Mobilität, Stabilität, Kondition, Kraft und Koordination. Versuchen Sie es einfach mal, es macht Laune! Beugen Sie der Unbeweglichkeit und Starrheit Ihrer Muskeln, Faszien und Gelenke vor und bleiben Sie geschmeidig wie eine Katze.

Stellen Sie sich einmal vor einen Spiegel und betrachten sich und Ihre Körperhaltung. Im Alter kommen wir meist nach vorn gebeugt und etwas steif daher. Arbeiten Sie dagegen an! Je anspruchsvoller der ausgeführte Bewegungsablauf und die koordinative Leistung ist, desto fitter sind und bleiben Sie

»Ein Mensch ist nur so jung/alt wie seine Wirbelsäule.«
Joseph Pilates

Bewegung hält Gelenke und Knochen gesund.

Unsere Knochen unterliegen zeitlebens einem ständigen Auf- und Abbauprozess. Im Alter überwiegt jedoch der Abbauprozess der Knochensubstanz, verursacht durch Vitamin-D-Mangel. Unsere Knochen sind im Alter weniger stabil, brechen leichter und verursachen häufiger Schmerzen. Ältere Menschen reden deshalb häufiger über ihre Knochen und prophezeien schlechtes Wetter, wenn ihnen die Knochen schmerzen.

Knochen sind ein lebendiges Körpergewebe, das auf äußere Einflüsse reagiert. Der Körper erneuert die Knochen lebenslang, um den Knochenapparat stabil zu halten. Jährlich ersetzt unser Körper etwa 10 Prozent der älteren, defekten Knochensubstanz mit frischer Masse. Im Gegensatz zu Muskeln stellen Knochen zwischen dem 25. und 30. Lebensjahr ihr Wachstum ein. »Die Basis für feste Knochen wird jedoch schon in jungen Jahren gelegt«, sagt Prof. Dr. Wirtz, Direktor der Poliklinik für Orthopädie und Unfallchirurgie in Bonn (Herda, S. et al., 15.10.2022).

Was bedeutet dies und welche Maßnahmen können Sie für die Stabilität Ihrer Knochen im Alter noch ergreifen?

Die DGOU (Deutsche Gesellschaft für Orthopädie und Unfallchirurgie) hat die wichtigsten »Knochenstarkmacher« für uns Erwachsene und Best-Ager zusammengetragen:

- Muskeln stärken: Knochen wird nur aufgebaut, wenn er durch Bewegung gefordert wird. Skelettmuskeln und Knochen bilden eine funktionelle Einheit, da der Muskel über die bindegewebigen Sehnen im Knochen verankert ist. Jede Kontraktion des Muskels wirkt daher auf den Knochen und macht ihn stabiler.
- Gesunder Lebensstil: Vermeidung von Knochenräubern wie Nikotin und Alkohol sowie phosphorhaltigen und damit knochenraubenden Lebensmitteln wie Cola, Schokolade und gerösteten Erdnüssen, Vermeidung von Diäten. Achten Sie auf eine vielseitige und ausgewogene Ernährung.
- Vitamin-D-Gabe und körpereigene Bildung: Gesicht, Hände und Arme zwischen März und Oktober mindestens 2- bis 3-mal pro Woche für 30 Minuten der Sonne entgegenhalten. Im Winter täglich eine aktive Pause im Freien einlegen, um genügend Sonne abzubekommen. Mit zunehmendem Alter nimmt die körpereigene Produktion des Sonnenvitamins ab. Daher beim Arzt abklären lassen, wie viel an Vitamin D als Nahrungsergänzungsmittel zusätzlich zugeführt werden sollte.
- Risikofaktoren ermitteln: Die Knochengesundheit und das Frakturrisiko beim Arzt untersuchen lassen und ggf. Präventionsmaßnahmen einleiten.
- Osteoporose-Therapie: Bei einem Knochenbruch das Osteoporose-Risiko analysieren und ggf. Therapiemaßnahmen einleiten, denn der überwiegende Teil der Patienten mit Hüftbrüchen hat bereits in früheren Jahren eine Fraktur erlitten, die durch Osteoporose ausgelöst wurde.

- **Sturzprophylaxe:** Bereits ab dem 50. Lebensjahr nehmen Körperbalance, Muskelkraft, Ausdauer und Beweglichkeit ab. Mit regelmäßiger Bewegung und vor allem Krafttraining wird das Sturzrisiko gesenkt und die Knochenqualität verbessert.

Von regelmäßiger körperlicher Aktivität profitieren unsere Muskeln, unsere Knochen und unsere Gelenke, die es unseren Knochen erlauben, ihre Position zu ändern. Unseren Gelenken verdanken wir es, dass wir alle unsere Gliedmaßen in mehrere Richtungen bewegen können. In jedem Gelenk enden mindestens zwei Knochen, die von einer Gelenkkapsel umschlossen sind. Die jeweiligen Gelenkflächen sind von Knorpel überzogen und durch einen Spalt voneinander getrennt, damit sie nicht aufeinander reiben. Die Gelenkshöhle ist mit Gelenksflüssigkeit gefüllt. Diese bildet einen Gleitfilm auf den Gelenkflächen und dient der Ernährung des Gelenkknorpels. Wie weit wir unsere Gelenke maximal bewegen können – wie beweglich wir sind –, ist vom Körperbau und der alltäglichen Nutzung unserer Gelenke abhängig. Die Funktionstüchtigkeit unserer Gelenke wird davon bestimmt, ob sie ausreichend bewegt und sowohl Knochen als auch Knorpel ausreichend mit Nährstoffen versorgt werden.

Eine weit verbreitete Erkrankung im Alter ist Arthrose – Knieschmerzen, Schmerzen in den Fingern oder in der Hüfte ausgelöst durch Verlust von Gelenkknorpel. Arthrose gilt immer noch als unheilbar, doch es gibt Möglichkeiten, Schmerzfreiheit zu erzielen und den Gelenkknorpel zu stärken. Außer einer medikamentösen Therapie sind physiotherapeutische und orthopädische Maßnahmen angezeigt. Zu den Allgemeinmaßnahmen, die wir selbst beeinflussen können, zählen: gelenkschonendes Verhalten im Alltag, sanfte Bewegungsabläufe und Gewichtsreduktion.

Wichtig ist es daher auf jeden Fall, dass **Sie sich** und **Ihre Gelenke** regelmäßig bewegen! Wer rastet, der rostet! So wie Sie die Gelenke Ihrer Werkzeuge zur Wartung ölen und bewegen, sollten Sie auch Ihre eigenen Gelenke pflegen. Schmieren Sie Ihren Bewegungsapparat! Bewegen Sie sich möglichst häufig – es zählt jegliche Art von alltäglicher Bewegung, um sämtliche Gelenke mit Nährstoffen zu versorgen.

Welche **Sportart** ist besonders für ein Training im Alter geeignet?

Besonders gut geeignet und nahezu in jedem Alter zu betreiben sind **Wandern und zügiges Gehen.** Hierbei werden auf schonende Weise Herz und Kreislauf gestärkt. Auf die Knochen wird Zug und Druck ausgeübt und dadurch die Bildung neuer Zellen angeregt.

Radfahren ist gelenkschonend und hat ebenfalls eine positive Wirkung auf das Herz-Kreislauf-System. Aber ruhig kräftig in die Pedale treten und nicht nur dahinrollen!

Schwimmen wirkt durch den Wasserwiderstand gleichzeitig kräftigend und hat einen positiven Effekt auf das Gehirn, das Gedächtnis und das zentrale Nervensystem. Die Gelenke werden entlastet und regelrecht »geschmiert«. Aber Brustschwimmer aufgepasst: Tauchen Sie beim Ausatmen den Kopf unter Wasser, da sonst die Halswirbelsäule leidet – oder aber Rückenschwimmen oder Kraulen.

Skilanglauf ist eine der gesündesten Sportarten im Alter! Es schont die Gelenke und gilt als perfektes Kraft-Ausdauer-Training.

Kajakfahren und Rudern trainieren Rumpf- und Schultermuskulatur sowie Kraftausdauer.

Stand-up-Paddling trainiert Rücken-, Rumpf- und Bauchmuskulatur und fördert Konzentration sowie Koordination.

Fechten trainiert unsere Ausdauer und Reflexe.

Bogenschießen fördert die Kraft in den Armen, der Schulter und Körpermitte, die Präzision und Konzentration.

Golf fördert die Ausdauer und das Muskeltraining. Die frische Luft sorgt für unser Sonnenvitamin und unser mentales Wohlbefinden.

Kraft-Ausdauer-Training wird als besonders wichtig für körperliche Aktivität im Alter angesehen. Wie schon erwähnt, ist Krafttraining sinnvoll, da der Kraftreiz auf den Knochen dessen Stabilität fördert. Beim Ausdauertraining wird zudem ein moderates Maß an Belastung erzielt und der Knochenstoffwechsel angeregt. Dieses erhöht die Leistungsfähigkeit und die Fähigkeit zur längerfristigen körperlichen Selbstständigkeit ohne pflegerische Hilfe. Es verringert die Anfälligkeit für Stürze und Osteoporose.

Tischtennis ist eine ideale Sportart für alle Altersgruppen und fördert Beweglichkeit, Konzentration und Reaktionsvermögen.

Tanzen fördert Muskulatur, Gelenke, Knochen, Gleichgewicht, Kreislauf, Haltung und Ausstrahlung sowie Ihre Sozialkontakte.

Ich bin mir sicher, dass auch Sie eine Sportart entdecken werden, die Sie begeistern wird, denn **»Regen bringt Segen!«** – oder in Ihrem Fall: mehr Lebensqualität!

Noch ein paar Worte zu **körperlicher Aktivität im Freien und im Vorübergehen.** Die beste Art zu trainieren ist ein Training ohne Fitnessgerät und im Freien, nur mit dem eigenen Körpergewicht. Unser Körper steht uns ständig zur Verfügung! Eine Form von Kraftsport mit dem eigenen Körpergewicht, die man immer und überall ausführen kann, ist **Calisthenics.** Das Wort stammt von dem griechischen »kallos« = schön und »stenos« = Stärke und bedeutet »schöne Kraft«. Die Übungen werden »schön« ausgeführt, das heißt langsam und in korrekter Form. Daher werden die Übungen so ausgewählt, dass sie dem aktuellen Leistungslevel des Trainierenden angepasst sind. Sobald die Kraft und die Ausführung ausgereift sind und die Übung mit Leichtigkeit umsetzbar ist, wird der Schweregrad erhöht. Zu den klassischen Calisthenics-Übungen zählen zum Beispiel Klimmzüge, Crunches, Kniebeugen, Sprünge und Liegestütze. Es gibt in jeder Stadt im Freien Street-Workout-Parks mit diversen Reckstangen, Hangelleitern, Parallelbarren und Low Bars für Liegestütze. Nutzen Sie diese Sportgeräte!

Eine weitere gesunde und zeitsparende Trainingsmethode ist das persönliche **Fitnessprogramm im Vorübergehen.** Es ist hierbei sinnvoll, zwischen Belastungs- und Ruhephasen abzuwechseln. Dieses sogenannte Intervalltraining ist besonders effektiv. Legen Sie ab und zu einen Sprint ein, um die Bahn rechtzeitig zu erreichen. Das bringt Ihren Kreislauf auf Touren. Laufen Sie in unterschiedlichen Geschwindigkeiten und sorgen Sie für Abwechslung. Nehmen Sie die Treppe anstelle des Aufzuges, laufen Sie rückwärts oder seitwärts, heben Sie die Knie, nutzen Sie eine Mauer zum Balancieren, eine Bank für Liegestütze und Dips, einen Ast eines Baumes für Klimmzüge oder eine Wand für den Wandsitz mit Fersenheben. Der Fantasie sind keine Grenzen gesetzt! Die Freude an der eigenen Kreativität wird Sie beflügeln!

Bewegung verbessert die Gesundheit der Leber und die Cholesterinwerte.

Im Besonderen hat Krafttraining positive Auswirkungen auf unsere Blutfettwerte. Brasilianische Wissenschaftler untersuchten die Wirkung von unterschiedlichen Krafttrainingsprotokollen auf die Blutfettwerte. Das Gesamtvolumen des Trainings war in allen Teilnehmergruppen konstant. 30 Probanden wurden in 4 Kategorien eingeteilt: 50, 75, 90 und 110 Prozent der Maximalkraft beim Bankdrücken. Dabei stellte sich das Trainingsprotokoll von 5 Sätzen mit 75 Prozent der Maximalkraftanwendung als besonders effektiv heraus. Das positive, nützliche HDL-Cholesterin erhöhte sich signifikant, und die schädlichen Triglyceride reduzierten sich im gleichen Maße. Die positive Auswirkung auf die Triglyceride wird mit der Aktivität im Skelettmuskel erklärt (Lira, F. S. et al., 2010).

Jede Form der sportlichen Betätigung kann das **Cholesterin** senken. Reines Krafttraining gilt als besonders effektiv. Leicht durchzuführende Übungen im Krafttraining sind meiner Ansicht nach Kniebeugen, Liegestütze, Unterarmstütze, Ausfallschritte und Wadenheber an der Treppenstufe. Reiner Ausdauersport wie Laufen, Nordic Walking oder Radfahren erhöht ebenfalls das nützliche HDL-Cholesterin und senkt den gesamten Cholesterinspiegel. Bei intensivem Ausdauersport schmelzen außerdem zu Ihrer Freude die Pfunde am Bauch. Viele schädliche Abläufe im Körper entstehen durch Prozesse im **Fettgewebe des Bauchraums**. Mein Tipp: Vermeiden Sie den »Rettungsring«!

Angefüllte, dicke Fettzellen im Bauchraum produzieren überproportional viele Hormone und Entzündungsstoffe, sogenannte »inflammatorische Zytokine«. Diese verursachen Krankheiten wie Bluthochdruck, Diabetes Typ 2, Fettstoffwechselstörungen und Insulinresistenz. Insulin hemmt üblicherweise die Spaltung der Fette in den Depots am Bauch. Bei Insulinresistenz läuft die Fettspaltung jedoch auf Hochtouren und die freigewordenen Fettzellen landen größtenteils in der Leber. Die **Leber verfettet** zunehmend und wird dann ihrerseits auch insulinresistent und setzt verstärkt Glukose frei. Der Blutzuckerspiegel steigt an.

Der Taillenumfang sollte bei Männern idealerweise nicht mehr als 90 Zentimeter betragen, bei Frauen höchstens 80 Zentimeter. Es kann bei über 120 Zentimeter Umfang bei Männern und über 88 Zentimeter bei Frauen zu gefährlichen Konsequenzen führen.

Sie können diesen bedrohlichen Kreislauf unterbrechen. Die Fetteinlagerungen in der Leber können durch eine gesunde Lebensweise mit einer vitalstoffreichen, kalorienärmeren Ernährung, viel Bewegung und Sport abgebaut werden. Gewinnen Sie mehr Lebensqualität und ein attraktiveres Äußeres.

»Je schwächer der Körper ist, desto mehr befiehlt er,
je stärker der Körper ist, desto besser gehorcht er.«
Jean-Jacques Rousseau

Bewegung senkt den Blutzuckerspiegel.

Glukose ist der Energielieferant für unsere Zellen. Sie stammt hauptsächlich aus den Kohlehydraten, die wir über die Nahrung aufnehmen und die unser Körper in Maltose und schließlich in Glukose aufspaltet. Das Problem unserer Zeit ist, dass wir Glukose häufig im Überfluss im Blut zur Verfügung haben – mehr als wir für die Aufrechterhaltung unseres Stoffwechsels benötigen.

Der Glukosespiegel in unserem Blut bestimmt unsere Gesundheit und unsere **Lebensdauer.** Nach Angaben des RKI leiden etwa 10 Prozent der Erwachsenen in Deutschland an **Diabetes Typ 2.** Bei 20 Prozent der Erwachsenen liegt eine Vorstufe, die sogenannte Prädiabetes, vor. Die meisten Menschen ahnen nichts von ihrem Risiko, denn Prädiabetes macht sich im Alltag nicht bemerkbar. Eine aktuelle Studie zeigt, dass die gesundheitlichen Folgen der Diabetes-Vorstufe bisher deutlich unterschätzt wurden. Es kann bereits zu diesem Zeitpunkt zu schweren Komplikationen des Herz-Kreislauf-Systems und der Nieren und damit zu verringerter Lebenserwartung führen (Schlesinger, S. et al., 2021).

Um durch Änderungen der Lebensweise rechtzeitig gegensteuern zu können, ist Früherkennung sehr wichtig. **Lassen Sie regelmäßig Ihre Zuckerwerte überprüfen** und senken Sie Ihren Blutzuckerspiegel durch Bewegung. Sobald Sie körperlich aktiv sind, benötigt Ihr Körper Energie und verbrennt den Kraftstoff Glukose. Jede Zelle verfügt über einen eigenen Zuckerspeicher zur eigenen Versorgung, doch wenn diese Depots erschöpft sind, ist die Zelle auf den Nachschub aus dem Blutkreislauf angewiesen – der Blutzuckerspiegel sinkt. Dann kann es bis zu zwei Tage dauern, bis die Speicher erneut gefüllt sind und der Blutzuckerspiegel wieder seinen ursprünglichen Wert erreicht hat.

Glukose, die im Überschuss vorhanden ist, haftet sich unkontrolliert an die Eiweißstrukturen unserer Zelloberflächen an. Diesen Vorgang nennt man »**Glykation**«. Dadurch reichern sich sogenannte **AGEs (Advanced glycation end-products)** im Blut an und haben schädliche Auswirkungen auf unsere Zellen und das umliegende Gewebe. Die Zellen verkleben regelrecht miteinander und können ihre Aufgaben nicht mehr erfüllen. Diese

Eiweißverklebungen können Sie wirksam verhindern, indem Sie Ihren Blutzuckerspiegel konstant niedrig halten. Bewegen Sie sich regelmäßig, damit sich Ihr Glukosegehalt im Blut auf einen normalen Wert einpendelt.

Bewegung reduziert das Körpergewicht und den Körperfettanteil.

Das ist sicherlich unbestritten! Die Pfunde purzeln, sobald wir uns regelmäßig bewegen. Muskelkontraktionen setzen das **Myokin Irisin** frei. Myokine sind muskuläre Botenstoffe, die sich in der Skelettmuskulatur finden und der Informationsweiterleitung dienen. Irisin stimuliert die Umwandlung von weißem zu braunem Fett. **Weißes Fettgewebe** bildet viszerales Bauch- und Hüftfett sowie Unterhautfettgewebe und ist für die Speicherung überschüssiger Energie verantwortlich. Das **braune Fettgewebe** ist erst vor einigen Jahren genauer erforscht worden. Säuglinge weisen es vermehrt am ganzen Körper auf, bei Erwachsenen beträgt der Anteil etwa 10 Prozent vom Körperfett. Es findet sich in der Nackenregion und zwischen den Organen. Die Zellen des weißen Fettgewebes haben eine große Blase zur Speicherung der Energie in Form von Fett, wohingegen die Zellen des braunen Fettgewebes aus kleinen Fetttropfen mit Mitochondrien bestehen. Die Mitochondrien sorgen für die Braunfärbung des Gewebes. In diesen bräunlichen Fettzellen wird viel Energie zur Wärmeproduktion verwendet und nicht wie in den weißen Fettzellen als Fett abgespeichert. Irisin wird bei moderatem Ausdauersport ins Blut freigesetzt und bindet sich an Rezeptoren des weißen Fettgewebes. Dort induziert es ein »Browning«, die Umwandlung von weißem in braunes Fettgewebe. Weil das braune Fett und die zugehörigen

Mitochondrien Wärme erzeugen und kein Fett speichern, können überschüssige Fettpolster verbrennen.

Um ein Kilo Fett zu verlieren, müssen Sie 7.000 Kalorien sparen. Das tägliche Kaloriendefizit sollte dabei 300 bis 500 kcal nicht überschreiten, da Ihr Körper sonst auf »Sparflamme« geht. Ein langwieriges Unterfangen, um Gewicht zu verlieren! Doch Sie können zusätzlich Pfunde purzeln lassen, indem Sie mehr Energie verbrauchen als gewohnt. Kurbeln Sie Ihre Fettverbrennung an.

Wenn Sie sich bewegen, steigt Ihre Körpertemperatur an und wir beginnen zu schwitzen. Es fühlt sich an, als wären wir krank und hätten Fieber. Dieser Vorgang kurbelt unser **Immunsystem** an und dämmt die Vermehrung von Bakterien und Viren.

Nehmen Sie Schwung und setzen Sie sich in Bewegung! Starten Sie flotten Schrittes mit einer halben Stunde Spazierengehen und steigern dann allmählich kontinuierlich Ihr Bewegungspensum! Es lohnt sich!

Abbildung 16: Bewegung reduziert Körperfett

Bewegung verbessert die mentale Gesundheit und den Schlaf.

Ein aktiver Lebensstil ist mit einer verbesserten Leistung des Gehirns bis ins hohe Alter verbunden. Das **Irisin** und der Wachstumsfaktor **BDNF** (»Brain-Derived Neurotrophic Factor«) bilden die wesentlichen Faktoren der Muskel-Hirn-Achse, dem Bindeglied zwischen Gehirn und Muskeln. Die beiden Myokine Irisin und BDNF besitzen Rezeptoren an den Nervenzellen und können so Struktur und Leistung des Gehirns beeinflussen. BDNF erhöht die Bildungsrate von Nervenzellen (Neurogenese) und Nervenverbindungen (Synaptogenese). Irisin ist an beiden Vorgängen beteiligt und schützt vor **Demenzerkrankungen**. Beide Myokine werden durch Sport freigesetzt. Bewegung ist somit das A und O für unser Wohlbefinden. Wenn Sie sich weniger bewegen, wird Ihr Körper – einschließlich Ihres Gehirns – mit weniger Sauerstoff und Nährstoffen versorgt, und die Reinigungsvorgänge geraten ins Stocken. Es bilden sich Ablagerungen, wie die amyloide Plaque (Eiweißfragmente) bei der Alzheimererkrankung, unter denen die Leistungsfähigkeit leidet. Zur Erklärung: Amyloide sind Eiweiße, die bei allen Menschen von Geburt an produziert werden und deren Konzentration sich mit zunehmendem Alter erhöht. Werden hingegen durch körperliche Aktivität beide Botenstoffe ausgeschüttet, fördern sie die **Neurogenese**, die Bildung neuer Nervenzellen im Gehirn, und die **Synaptogenese**, die Verknüpfung von vorhandenen Nervenzellen. Im **Hippocampus** – wie wir bereits besprochen haben –, dem Arbeitsspeicher des Gehirns und der Schnittstelle zwischen Kurz- und Langzeitgedächtnis, werden lebenslang Nervenzellen neu gebildet.

Eine Studie aus dem Jahr 2019 befasste sich mit der Korrelation von sportlicher Aktivität und semantischem Gedächtnis. Das semantische Gedächtnis ist der Teil unseres Gedächtnisses, der sich mit der Bedeutung von Wörtern und Sätzen befasst. Es konnte nachgewiesen werden, dass eine stärkere Gehirnaktivierung nach einer einzelnen körperlichen Trainingseinheit die neuronalen Prozesse verstärkt anregt, die der Aktivierung des semantischen Gedächtnisses bei gesunden älteren Menschen dienen (Juneyon, W. et al., 2019).

Doch auch die Art der körperlichen Ertüchtigung, die Art, **wie** wir uns bewegen, bestimmt unser Denken. Zu diesem Ergebnis kamen Wissenschaftler im Jahr 2010. Das Altersspektrum der 115 Probanden lag zwischen 65 und 75 Jahren. Trainiert wurde dreimal die Woche. Eine Gruppe übte sich im Nordic Walking, eine weitere in Koordinations- und Gleichgewichtsübungen und eine dritte Gruppe in Stretching- und Entspannungsübungen. Nach Ablauf eines halben und eines ganzen Jahres wurden die Probanden getestet. Geprüft wurden die motorischen und kognitiven Leistungen, die Wahrnehmungsgeschwindigkeit und die Fähigkeit, die eigene Aufmerksamkeit zu steuern. Die Nordic Walker waren kognitiv am schnellsten, die Probanden des Koordinationstrainings qualitativ am besten, nur in der Gruppe mit den Entspannungsübungen war keine Veränderung in der geistigen Leistungsfähigkeit festzustellen (Voelcker-Rehage, C. et al., 2010).

Die positiven Einflüsse von Bewegung auf unsere kognitive Gehirnleistung variieren also je nach körperlichem Betätigungsfeld. Mit welcher Trainingsart sich die besten Ergebnisse für unsere mentale Gesundheit erzielen lassen, ist noch nicht erforscht, aber klar ist: Wer regelmäßig körperlich aktiv ist, hilft seinen grauen Zellen auf die Sprünge und löst Glückshormone aus.

Die stimmungsaufhellende Wirkung von sportlichem Einsatz ist allgemein bekannt. Krafttraining als stimmungsverbessernde Maßnahme bei Menschen mit Depressionen gilt als besonders wirkungsvoll. Sport wirkt ebenso effektiv wie Psychopharmaka bei Depressionen (Morres, I. D. et al., 2019).

Bringen Sie mit den Laufschuhen Ihr Gehirn zum Schwitzen! Der Copenhagen-City-Heart-Studie zufolge erhöht 30 Minuten Joggen pro Tag oder 2,5 Stunden pro Woche die Lebenserwartung von Männern um 6,2 und von Frauen um 5,6 Jahre (European Society of Cardiology, 3. Mai 2012).

Während meiner Tätigkeit als Zahnärztin für Naturheilkunde bediente ich mich häufig der Akupunktur als Therapiemaßnahme zum Beispiel als Mittel gegen Würgereiz, Schmerzen und auch zur Beruhigung von Angstpatienten. Aus Sicht der Traditionellen Chinesischen Medizin haben alle Organe eine Beziehung zur Psyche. Akupunktur kann daher nicht nur bei körperlichen, sondern auch bei der Behandlung von psychischen Erkrankungen helfen. Bei depressiven Verstimmungen und zur Beruhigung wird der Akupunkturpunkt Lunge 1 (Lu 1 = »Zentrale Schatzkammer«) genadelt. Er liegt bezeichnenderweise auf dem Lungenmeridian. Er hilft dabei, das Lungen-Qi zu bewegen. Das Lungen-Qi ist die Energie, welche die Austauschfunktion von Sauerstoff und Kohlenstoff in unseren Lungenbläschen antreibt. Vergleichbar ist der Vorgang mit dem Effekt beim Joggen. Durch die stärkere Belüftung der Lunge werden nicht mehr benötigte Abbauprodukte im Schleim abtransportiert. Somit unterstützt Joggen die Reinigung der Lunge und fördert die mentale Gesundheit – ebenso wie der Akupunkturpunkt Lu 1. So schließt sich der Kreis.

Etwa ein Drittel unserer Lebenszeit verbringen wir im gesündesten Fall mit **Schlaf** – einem Schönheitsschlaf! Wir regenerieren über Nacht, und das Reparatursystem unseres Körpers ist in vollem Gange. Aber schlafen wir auch erquicklich oder wälzen uns von einer Bettseite zur anderen? Was macht unseren Schlaf zum Schönheitsschlaf? Der Erholungswert des Schlafes hängt nicht von der Dauer, sondern der Intensität ab. Je mehr Tiefschlafphasen wir durchlaufen, desto erholsamer wirkt das Schlaferlebnis. In der Tiefschlafphase werden Wachstumshormone freigesetzt, die für Muskel-, Haut- und Haarwachstum sowie für die Immunabwehr zuständig sind. Die beste sportliche

Leistung erbringt der Körper nur auf der Grundlage von aus-reichendem und tiefem Schlaf. Umgekehrt baut Sport Stress ab, hebt die Stimmung und fördert die gesunde Schlafqualität. Men-schen, die sich zu wenig bewegen, schlafen schlechter und leiden häufig unter Tagesmüdigkeit und depressiven Verstimmungen.

Bewegung regt den Kreislauf an, deshalb sollte man nicht vor dem Zubettgehen trainieren. Verzichten Sie etwa zwei Stunden vor dem Schlafengehen auf Sport. Gegen moderate Bewegung wie einen Spaziergang an der frischen Luft spricht hingegen nichts!

Der *Nucleus suprachiasmaticus* (SCN) ist der Schrittmacher unserer inneren Uhr und koordiniert im Wesentlichen den Schlaf-Wach-Rhythmus. Er wird durch das Spiel von Licht und Dunkel, das unsere Augen und unser Gehirn wahrnehmen, beeinflusst. Die Zellen des SCN regulieren unsere Melatoninproduktion in der Zirbeldrüse. Mit einsetzender Dunkelheit steigt der Pegel auf das Achtfache an. Jede Lichtquelle wie eine Straßenlaterne, ein Handy, das Mondlicht des Vollmondes oder ein Fernseher stören die Melatoninproduktion, die Produktion des »**Schlafhormons**« und damit den Schlaf. Doch **Melatonin** kann viel mehr, als nur den Schlaf regulieren. Es ist ein Antioxidans, bekämpft freie Radikale, aktiviert die Zellen zur Produktion weiterer Radikalfänger und schützt in allen Zellen das Erbgut vor schädlichen Einflüssen.

Licht zur ungewohnten, unpassenden Zeit bringt den Körper aus seinem Gleichgewicht. Sicherlich kennen Sie Jetlag und das Arbeiten in wechselnden Schichten als auslösende Faktoren für unruhigen Schlaf und Irritationen Ihrer inneren Uhr. Verdunkeln Sie Ihr Schlafzimmer! Nicht nur das Licht beeinflusst unseren Schlaf, sondern auch der **Lärmpegel**.

Sorgen Sie daher für eine ruhige Schlafumgebung! Und berücksichtigen Sie Ihren Biorhythmus! Es gibt verschiedene

Chronotypen unter uns Menschen: die Lerchen (Frühaufsteher und Tagmenschen) und die Eulen (Spät-zu-Bett-Geher und Nachtmenschen). Erkennen und beachten Sie Ihren biologischen Rhythmus, um den nächsten Tag ausgeschlafen, mit Lebensfreude und Energie beginnen zu können.

Abbildung 17: Genüsslicher Schlaf wie auf einer Wolke gebettet

Faktor 3: Unsere Sexualität

»Intimität und Leidenschaft
entstehen nicht durch das Fehlen der Kleidung,
sondern wenn wir es wagen, unsere Seele zu entblößen.«
Sonja Ebner

In einer Gesellschaft, die von ewiger Jugend träumt, haben es alte Menschen schwer. Sex im Alter erscheint in unserer körpernarzisstischen Vorstellung unästhetisch, ja sogar unappetitlich zu sein. Dabei sind generell die wenigsten Menschen im Adamskostüm ein Hingucker und **haben trotzdem** Sex! Wir Menschen werden immer älter und die Wünsche, das Begehren und die Fantasien, bleiben erhalten. Wir fühlen uns häufig nicht so alt, wie wir sind. Klar ist damit: **Auch alte Leute haben Sex!** Vielleicht nicht mehr so häufig, etwas langsamer oder in anderer Art und Weise, doch gut tut er allemal! Im Liebestaumel sind wir berauscht vom Glück der Gefühle, losgelöst von allen Sorgen, wie in einen Wattebausch eingehüllt und überflutet von den Sinneseindrücken, die auf uns wirken. Beim Sex werden alle unsere Sinne aktiv. Wir riechen, sehen, schmecken, hören und tasten! Unsere Haut ist das größte Sinnesorgan, das wir haben und beim Liebesakt kommt sie voll und ganz auf ihre Kosten. Wir werden berührt und spüren die Haut und die Wärme unseres Partners. Gerade im Alter werden Berührungen immer seltener und wer alleine lebt, verkümmert fast. Der Mensch ist ein Beziehungswesen. Ohne Berührungen kann ein Mensch nicht leben. Um emotional und körperlich gesund zu sein, ist ein Mindestmaß an Hautkontakt nötig.

Bei einer Berührung werden Botenstoffe wie die Glückshormone **Dopamin und Serotonin** ausgeschüttet. Zusätzlich wird **Oxytocin** freigesetzt, das ein Bindungsgefühl zwischen den sich berührenden Menschen erzeugt und das Stresshormon Cortisol reduziert. Bis zu 24 Stunden hält der positive Effekt auf Körper und Geist an. Auf Liebkosungen reagieren Nerven, die Informationen für Gefühle an das limbische System senden. Das gefühlvolle Streicheln wird dort als äußerst angenehm registriert und als emotional gefärbte Berührung gedeutet. Das erzeugt den überaus wohltuenden Effekt auf unseren Körper und ist Balsam für unsere Seele.

Wir sind auf eine Stimulierung von außen angewiesen. Bei Säuglingen, die keine körperliche Zuwendung bekommen, ist die Entwicklung verzögert (Deprivation, lat. privare »berauben«). Diese emotionale Deprivation, der Entzug von Nestwärme, bei Säuglingen und Kleinkindern führt zu psychischem Hospitalismus, der Unfähigkeit, soziale Kontakte aufzubauen und auch zu Sprachstörungen. Ein sehr bekanntes Beispiel hierfür ist Kaspar Hauser, der 1828 in Nürnberg als etwa 16-jähriger, anscheinend geistig zurückgebliebener und kaum sprechender Jugendlicher auftauchte.

Menschen in guten Paarbeziehungen haben in der Regel genügend Körperkontakt und sind daher zufriedener und gesünder als **allein lebende, betagte Personen.** Letztere leiden oft unter Kontakt- und Berührungsarmut und werden dadurch depressiv. Doch es gibt viele Möglichkeiten der Abhilfe: ein soziales Netzwerk, Sport, Haustiere, Tanzen, Aktivitäten im Vereinsleben, Wellness, Massagen ... und die **Selbstfürsorge**! Auf die Selbstfürsorge werden wir später im Buch noch eingehen!

Zur Selbstfürsorge gehört die **Selbstberührung**, vor allem wenn das passive Berührtwerden fehlt. Die Möglichkeiten sind vielfältig und reichen von sich die Hände zu reiben, sich unter der Dusche mit einer Wurzelbürste abzuschrubben, sich die Haare zu

waschen und sich dabei die Kopfhaut zu massieren, sich genüss-
lich einzucremen bis hin zur Selbstbefriedigung. Achten Sie auf
sich! Freundschaft ist ein hohes Gut, auch die Freundschaft mit
sich selbst! Machen Sie ab und zu Gebrauch von der Rückzugs-
möglichkeit auf sich als Freund, auf den Verlass ist und genießen
Sie das vertraute Zusammensein mit sich selbst!

Was bedroht den Sex? Die **Dauer einer Beziehung** scheint
abträglich für unser Sexualleben zu sein. Ein frisch verliebtes
Paar um die sechzig hat mehr Sex als ein gleichaltriges Paar, das
schon etliche Jahre an Beziehung hinter sich hat. Der Alltag fordert
seinen Tribut: immer weniger Sex und Streicheleinheiten, dafür
Gespräche über Alltagssorgen. Kirsten P. Mark und Lasso Julie
A. von der Eastern Kentucky University haben Ergebnisse von 64
weltweiten Untersuchungen zum Thema »Sex in langjährigen Beziehungen« der vergangenen 20 Jahre zusammengefasst und ausgewertet. Die Gründe für die verringerte Lebenslust liegen in den
Begleiterscheinungen, die eine lange Beziehung mit sich bringt.
Die häufigste Folge ist, dass man dem Partner gegenüber **unauf-
merksam** wird, ihm weniger bis gar nicht mehr zuhört und ihn und
seinen Einsatz als völlig selbstverständlich erachtet. Dieser Umstand setzt Frauen mehr zu als Männern. »Frauen müssen spüren,
dass sie emotional mit dem Partner verbunden sind, um sexuell
freizügiger zu sein. Männer wollen sich sexuell verbunden fühlen,
um dann die emotionale Bindung einzugehen« (Mark, K. P., 2018).

Paare in höherem Alter erfahren häufig die Nagelprobe für
ihre Beziehung – eine genaue Prüfung, in der sich die Tragfähig-
keit der Partnerschaft erweisen muss. Aus »*wir*« wird immer
mehr ein »*ich*« und die Partner driften zunehmend auseinander.
Eine Partnerschaft muss besonders in der Lebensmitte neu definiert werden. Es geht darum, von seinem langjährigen Partner
so geliebt zu werden, wie man wirklich ist, mit allen angenehmen

und störenden Eigenschaften. Um es in Albert Camus' Worten zusammenzufassen: »Einen Menschen lieben heißt einwilligen, mit ihm alt zu werden.«

Wir sehen, die gesundheitlichen Auswirkungen von Sex sind vielfältig. Regelmäßige sexuelle Aktivität wirkt allumfassend auf Körper, Geist und Seele. Sex ist gut für das Herz, gegen Schmerzen, verringert Stress, sorgt für besseren Schlaf und last but not least sogar für **ein jugendlicheres Aussehen.**

Eine Studie der Uni Münster konnte belegen, dass 60 Prozent der von Migräne gequälten Probanden durch Sex ihre **Schmerzattacken** lindern konnten (Hambach, A. et al., 2013). Wie witzig: *Ausgerechnet* die klassische Ausrede, um ein verführerisches Angebot zu einer Liebesbegegnung auszuschlagen, erweist sich als Therapie für den vorgeschobenen Schmerz.

Regelmäßiger Sex führt, wie wir bereits wissen, zur Ausschüttung von Glückshormonen und reduziert das Stresshormon Cortisol. Sexuelle Intimität lässt Sie strahlen und **jünger aussehen!** Der britische Psychologe David Weeks ließ 3.500 Teilnehmer an seiner Sex-Studie – Männer und Frauen zwischen 20 und 104 Jahren – einen Fragebogen ausfüllen, in dem sie über ihr Sexualverhalten Auskunft geben sollten. Dann stellten sie sich vor einen Spiegel, hinter dem eine Jury das Alter der Befragten schätzen sollte. Das überraschende Ergebnis: Die Probanden, die durchschnittlich dreimal pro Woche Sex hatten, wirkten um sieben bis zwölf Jahre jünger. Die ausgeschütteten Endorphine lassen uns ausgeglichener fühlen. Männer können schneller einschlafen und bei Frauen steigt der Östrogenspiegel und damit verbunden wird Kollagen in unserem Körper angeregt. Die Haut wird elastischer und feuchter. Zusätzlich werden beim Sex Wachstumshormone freigesetzt und sorgen für die Zellerneuerung (David Weeks, 1999).

Bleiben Sie lustvoll und genießen erotisch-sexuelle Intimität! Sie ist geschenkte körperliche Zuwendung, die Sie geben und empfangen dürfen. Kuscheln, schmusen und küssen Sie, das bringt Ihr Herz in Schwung – denn »küssen kann man nicht alleine« wie Max Raabe es besingt!

Sie werden sich verjüngt fühlen und man wird es Ihnen ansehen!

Unsere Sexualität gerät zwischen Mitte vierzig und Mitte fünfzig stark ins Schwanken, wenn wir in die Wechseljahre, auch **Klimakterium** genannt, kommen. Wir Frauen haben dann irgendwann unsere letzte Regelblutung. Nach mehreren Jahrzehnten nehmen wir Abschied von einer monatlichen Gewohnheit unseres Körpers. Es erinnert uns daran, dass Veränderungen unser Leben bestimmen und wir dem Alterungsprozess unterliegen. Die **Menopause** beginnt, da unsere Eierstöcke mit zunehmendem Alter die Produktion von Östrogen und Progesteron einstellen. Mit dem letzten Menstruationszyklus endet unsere fruchtbare Lebensphase. Der Begriff »Menopause« stammt aus den griechischen Worten »meno« für Monat und »pausis« für Ende. Ein Drittel der Frauen leidet während dieser Zeit stark unter vielfältigen Symptomen und Beschwerden, ein Drittel mäßig und ein weiteres Drittel gar nicht.

Ich selbst hatte starke Beschwerden. Während einer Behandlung in meiner Zahnarztpraxis überfiel mich ganz plötzlich und unerwartet eine Hitzewallung, und ich hatte das Gefühl, ich müsse mir die Klamotten vom Leib reißen. Kaum hatte ich mich wieder gefangen, wurde mir unfassbar kalt. Ich fröstelte, und es gab kein Entrinnen am Behandlungsstuhl. Ständig musste ich in meinem Büro abtauchen, um das T-Shirt zu wechseln, nur um Minuten später dasselbe Szenario durchleiden zu müssen. Bis mich eines Tages ein Patient im Zahnarztstuhl sitzend fragte, ob es mir denn gut gehe. Ich war während einer Hitzeattacke puterrot angelaufen, ein Rinnsal ergoss sich mittig über meinen Rücken und meine Stirn bis hin zu meinen Lippen – höchste Zeit, in meinem Büro zu verschwinden! So viele T-Shirts zum Wechseln hatte ich gar nicht, wie ich benötigte! Es war unerträglich für mich! Die Hitzewallungen pausierten auch nachts nicht. An Durchschlafen war nicht mehr zu denken – Bettwäsche wechseln war angesagt! Das ständige Aufwachen verkürzte meine Tiefschlafzeit immens, sodass ich morgens wie gerädert aus dem Bett stieg. Meine Stimmung und meine Leistungskurve rasten in die Tiefe. Ich litt unter Antriebslosigkeit, Nervosität, starker Reizbarkeit, Niedergeschlagenheit und Libidoverlust. So konnte es nicht weitergehen! Jeglicher Versuch, das Problem naturheilkundlich in den Griff zu bekommen, scheiterte. Ich suchte einen Ausweg aus dieser misslichen Lage.

Im Alter von 46 Jahren musste meine Schilddrüse entfernt werden. Es kam danach zu Hormonschwankungen und meine Menopause setzte verfrüht ein. Das Risiko für Osteoporose, Herz-Kreislauf-Erkrankungen oder Demenz ist bei frühzeitigem Eintritt der Menopause deutlich erhöht, und so entschied ich mich für eine Hormontherapie. Eine heilsame Strategie, die wieder Normalität in meinen Alltag brachte! Die Hormoneinstellung ließ ich auf Basis der Messung der Blutwerte durchführen, um eine individuell angepasste Dosis zu erhalten – so niedrig dosiert wie möglich! Die Gynäkologinnen und Gynäkologen sind gespaltener Ansicht: Einige halten die Hormontherapie für sinnvoll, um gesünder und länger zu leben, einige sehen sie wegen der Risiken für Brustkrebs und Thrombosen, selbst wenn diese gering sind, als umstritten an. Bei der klassischen Hormontherapie werden *Progesteron* und *Östrogen* verordnet. Der Trend geht mittlerweile dahin, bioidentische Hormone zu nutzen. »Bio« bedeutet aber keineswegs, dass diese Hormone natürlichen Ursprungs sind. Auch diese Hormone werden synthetisch hergestellt und können hormonabhängig Brustkrebs erzeugen. Zu den bioidentischen Hormonen gehört *Östriol/Estriol*, das als Zäpfchen oder Creme verordnet wird. Das Risiko für Brustkrebs gilt hier als besonders gering. Wer keine synthetischen Substanzen zu sich nehmen möchte, kann sekundäre Pflanzenstoffe, sogenannte *Phytoöstrogene* einnehmen. Sie erhöhen das körpereigene Östrogen, können aber auch schaden. Eine goldene Ausnahme ist hier *Cimicifuga* – die Traubensilberkerze. Dieser Pflanzenwirkstoff kann die Wechseljahrbeschwerden reduzieren, ohne östrogenartige Nebenwirkungen zu haben.

Es bleibt Ihnen überlassen, welchen Weg Sie gehen. Er hängt von Ihrem eigenen Risikoprofil und der Art Ihrer Beschwerden ab. Lassen Sie sich nicht entmutigen, es gibt auf jeden Fall eine Lösung für Sie, sich wieder wohl in Ihrer Haut zu fühlen! Mein Rat ist es, eine Hormontherapie erst als letztmögliche Maßnahme zu ergreifen und andere, durchaus vorhandene und individuell wirksame Möglichkeiten auszuprobieren:

1. Ernähren Sie sich gesund und bewegen Sie sich regelmäßig.
2. Versuchen Sie pflanzliche Mittel wie die Traubensilberkerze gegen Hitzewallungen und das Johanniskraut gegen depressive Verstimmungen.
3. Lassen Sie sich bezüglich Phytoöstrogenen und Pflanzenstoffen naturheilkundlich beraten. Regulierend wirken Soja-Isoflavone, Eibenrindenextrakt, Baldrian, Rotklee, chinesischer Brustwurz und wilde Yamswurzel.
4. Falls Sie sich wie ich für eine Hormontherapie entscheiden, sollten Sie diese zu Beginn Ihrer Menopause anfangen, da sonst alle Risiken steigen.

5. Bei Durchschlafbeschwerden empfehle ich Ihnen, 300 mg Magnesium am Abend einzunehmen.

Abbildung 18: Menopause

Faktor 4: Sinnesorgane

Wollen wir unsere Umgebung wahrnehmen, dann fragen wir unsere Sinne. Sie öffnen uns das Tor in unsere eigene Welt. Die Sinnesorgane sind die »Fühler«, die das Gehirn ausstreckt. Sie reagieren auf Stimuli wie Licht, Geräusche, Düfte, Gewürze oder Druck und leiten die Informationen als elektrische Signale an die Großhirnrinde weiter. Dort werden sie zu Empfindungen wie **Sehen, Hören, Riechen, Schmecken und Fühlen** weiterverarbeitet. Mittlerweile ist ein sechster Sinn bekannt: die »**Propriozeption**« (von lat. = eigen). So nennen wir die Eigenempfindung, die Wahrnehmung des eigenen Körpers nach dessen Lage im Raum, den Stellungen von Kopf, Rumpf und Gliedmaßen sowie dessen Bewegungen mitsamt dem Empfinden für Schwere, Spannung, Kraft und Geschwindigkeit. Der Körper informiert dabei das Gehirn über die Aktivität, den Zustand oder die Position von Muskeln, Gelenken und Sehnen im Körper.

Alle unsere Sinne schwinden mit der Lebensdauer. Eine Studie zeigt bei 40 Prozent der 70- bis 79-Jährigen eine Funktionsstörung in einer und mehr als 25 Prozent in mehreren Sinnesmodalitäten. »Sensorische Veränderungen weisen je nach Sinnessystem vielfältige Komorbiditäten auf. Das Vorliegen sensorischer Defizite ist mit einem erhöhten Risiko assoziiert, an einer Demenz zu erkranken. Das Risiko, depressive Symptome zu entwickeln, ist ebenfalls erhöht« (Völter, C. et al., 2021). Mit anderen Worten: Wenn wir mit zunehmendem Alter schlechter sehen, hören, riechen, schmecken und fühlen erhöht sich auch unser Risiko depressive Symptome zu entwickeln und an Demenz zu erkranken.

Alterssichtigkeit tritt durch Abnahme der Akkommodationsfähigkeit des Auges auf. Die Linse des Auges verliert mit zunehmender Lebensdauer an Elastizität – bei der Geburt ist sie wasserflüssig, mit 65 Jahren ist sie glashart. Der Ringmuskel kann die Linse nicht mehr ausreichend bewegen. Für die Fernsicht muss die Linse flacher, für die Nähe gewölbter sein. Ausgleichen können Sie dieses Defizit mit einer Brille oder einer Intraokularlinse, die gegen Ihre körpereigene Linse getauscht wird. Zudem trübt sich die Linse durch eine zunehmende Destabilisierung der Linsenproteine im Alter und man sieht nicht mehr scharf. Es entsteht der »**graue Star**«, der ebenfalls operativ behoben werden kann. Unbehandelt kann er zur Erblindung führen. Generell weisen ältere Menschen mit vermindertem Sehvermögen kognitive Einschränkungen auf und sind häufiger demenzkrank. Lassen Sie Ihre Sehfähigkeit überprüfen und korrigieren, um dieses Risiko zu verringern.

Hörstörungen treten ab dem 60. Lebensjahr vor allem im Hochtonbereich auf und werden leider häufig spät erkannt und als altersbedingt hingenommen. Vergesellschaftet ist die Hörminderung mit kognitiven Einschränkungen wie Demenz. 2011 wurde in einer Langzeitstudie nachgewiesen, dass bei einer geringgradigen Hörstörung das 1,89fache Risiko, bei einer mittelgradigen das 3-fache und bei einer hochgradigen Hörstörung das 4,94-fache Risiko für das Auftreten einer Demenzerkrankung nach 11,9 Jahren besteht (Lin, F. R. et al., 2011).

Es ist gefährlich, schlecht zu hören, vor allem bei dem heutigen Verkehrsaufkommen. Neben psychosozialen Folgen kann die ständige Anstrengung, seine Umgebung trotz eingeschränkten Hörvermögens wahrnehmen zu wollen, zu erhöhter Müdigkeit, Erschöpfung, Kopfschmerz und Stress führen. Gehen Sie rechtzeitig zum Ohrenarzt!

Eine **verminderte Riechwahrnehmung** – so wie es der eine oder Andere, der an Corona erkrankt war, auch erfahren musste – birgt große Gefahren im Alltag wie das Nichtbemerken von Brandgerüchen, Gasen, Giftstoffen oder verdorbenen Speisen. Auch wird durch das Fehlen der Aromawahrnehmung der Genuss einer Speise eingeschränkt. Die sozialen und hygienischen Aspekte dieser Störung sind vielfältig. Der eigene Körpergeruch ist nicht mehr wahrnehmbar. Bei etwa einem Drittel der Patienten mit einer Riechstörung lässt sich eine depressive Verstimmung feststellen (Eliyan, Y. et al., 2021). Regelmäßiges Riechtraining stimuliert nachweislich das olfaktorische System!

Eine eingeschränkte **gustatorische Wahrnehmung** (süß, sauer, salzig, bitter, umami) hängt mit dem verminderten Speichelfluss im Alter zusammen, der Abnahme der Anzahl und Dichte der Geschmacksknospen oder der zentralnervösen Verarbeitung der Reize. Mikrobielle Zersetzungsprodukte bei schlechter Mundhygiene können die gustatorischen Rezeptorzellen beeinträchtigen. Die vier Grundgeschmackssensitivitäten sind von der zunehmenden Einschränkung unterschiedlich betroffen. Wir schmecken »süß« bis ins hohe Alter relativ gut. Saure und bittere Geschmackskomponenten wie Gemüse und Kräuter verlieren an Attraktivität. Therapeutische Ansätze sind derzeit nicht bekannt.

Verminderter Tastsinn für passive (haptische) Berührungsreize ist die Folge einer altersbedingten Abnahme der Anzahl von Rezeptoren als auch neuronaler Abbauprozesse. Zeitlich etwas später nimmt auch die aktive (taktile) Wahrnehmung durch kognitive Veränderungen ab. Häufig geht die Abnahme des Tastsinnes mit Störungen des Gleichgewichts einher und ist abhängig von motorischen Vorerfahrungen und körperlichen Aktivitäten (Kalish, T. et al., 2012).

Das taktile System dient der Abwehr und der Kontrolle. Das Abwehrsystem reagiert auf Schmerz-, Temperatur- und feine Berührungsreize. Es schützt unseren Körper vor Gefahren durch Zurückziehen von Gliedmaßen und durch Flucht. Das Kontrollsystem reagiert auf Druck, Vibration und grobe Berührung.

Die Sinnesorgane des **propriorezeptiven Systems** befinden sich in der Muskulatur, den Sehnen, Bändern, Gelenkkapseln und Knochen. Sie informieren uns über die Stellung des Körpers im Raum, wie sich die Körperteile bewegen und zueinanderstehen. Es entsteht ein inneres Körperbild. Das fördert unsere Körperstabilität und verhilft uns zu einem guten Gleichgewicht.

Die Auswirkungen von Sinnesstörungen sind ausgeprägter, wenn mehrere Sinnesorgane betroffen sind. Glücklicherweise sind alle Tastsinnesdimensionen bis ins hohe Alter trainierbar. Trainieren Sie Ihre **Propriozeption!**

Ich als Zahnärztin putze meine Zähne häufig im einbeinigen

Stand. Probieren Sie es doch auch einmal! Mit einem Fuß auf dem Boden einen Kreis zu zeichnen, auf den Zehenspitzen zu stehen oder einen Ausfallschritt zu machen, trainiert das Gleichgewicht. Vielleicht können Sie zu Beginn das Gleichgewicht kaum halten und torkeln, doch dies wandelt sich mit zunehmender Übung und Sie werden immer standhafter! Falls Sie die Übungen vertiefen wollen, kaufen Sie sich ein Balanceboard oder einen Balanceball. Viele Fitnessstudios bieten zudem Kurse an wie »Bleib in Balance« oder »Älter werden in Balance«. Fordern Sie Ihren Gleichgewichtssinn und Ihre Koordinationsfähigkeit heraus! Das ist die beste Sturzprophylaxe!

Unsere Einflussfaktoren auf den Alterungsprozess unseres Geistes

Faktor 5: Unser Gedächtnis und unsere Merkfähigkeit

*»Das Alter zieht noch mehr Runzeln
in unseren Verstand als in unser Antlitz.«*
Michel de Montaigne

Ab einem bestimmten Alter fürchten wir, dass uns unser Gedächtnis allmählich im Stich lässt. Hin und wieder verlegen wir unseren Schlüssel, wissen nicht mehr, was wir noch gerade eben aus einem bestimmten Raum mitnehmen wollten, oder vergessen Namen. Es beschleicht uns das Gefühl, es könnte immer schlimmer werden, und irgendwann vergessen wir vielleicht, den Wasserhahn abzudrehen, der die Badewanne füllt. Dieses Schreckgespenst geistert in unseren Köpfen herum, denn wir wissen, dass mit zunehmendem Alter sowohl die körperlichen als auch die geistigen Kräfte nachlassen. Welche unserer Gehirnleistungen verringern sich allmählich, wenn wir älter werden und was bleibt uns erhalten?

Das **Gedächtnis** von Menschen in hohem Alter ist noch zu außergewöhnlichen Leistungen fähig. Das beweisen alle betagten Schauspieler, alle betagten Pianisten, alle Menschen, die ihr Gedächtnis zeitlebens trainiert haben. Jedoch weist es allmählich kleine Lücken auf. Das Speichern von Informationen und neuen Eindrücken fällt im Alter schwerer als in jüngeren Jahren. Um eine Information behalten zu können, müssen wir ihr mehr Aufmerksamkeit schenken.

Der Begriff »Gedächtnis« verleitet zu der Annahme, es handele sich um eine einzige geistige Fähigkeit. Studien zeigen jedoch, dass unterschiedliche Gedächtnisprozesse beobachtet werden können. Wir verfügen über ein Kurzzeit-, ein Langzeit- und ein Arbeitsgedächtnis. Das **Kurzzeitgedächtnis** nutzen wir, um eine Information für weniger als eine Minute im Kopf zu behalten, zum Beispiel eine Zahlenkombination, die wir gerade als Code irgendwo eingeben sollen. Dabei dürfen wir nicht abgelenkt werden, sonst haben wir die Kombination wieder vergessen.

Das **Langzeitgedächtnis** speichert hingegen alles, was wir länger als eine Minute behalten und an das wir uns noch erinnern, selbst wenn wir in der Zwischenzeit etwas anderes getan haben. Das Langzeitgedächtnis wird in das **explizite** und das **implizite Gedächtnis** unterteilt.

»**Explizit**« bedeutet in diesem Falle, dass die Gedächtnisvorgänge genau erklärbar und bewusst sind. Wir sprechen auch vom **deklarativen Gedächtnis** – eine verbale oder visuelle Information wird gesichert. Beim deklarativen Gedächtnis unterscheidet man das **semantische Gedächtnis = Faktengedächtnis** (Bedeutung von Begriffen und Namen) und das **episodische Gedächtnis** (Sicherung von Ereignissen und autobiografischen Erinnerungen).

Beim **impliziten Gedächtnis** laufen die Gedächtnisvorgänge nicht bewusst ab. Es handelt sich um das motorische, unbewusste Gedächtnis. Wir sprechen auch vom **prozeduralen Gedächtnis** (ein erlernter Prozess, z. B. Fahrradfahren, wird abgespeichert) und vom sogenannten **Priming**, dem Wahrnehmungslernen (Korte, M., 2012).

Das **Arbeitsgedächtnis** dient uns zur Sicherung aller Informationen, die erforderlich sind, um eine Aufgabe zu erfüllen – genauer gesagt, komplexe Alltagstätigkeiten zu erledigen wie zum Beispiel Kochen oder Kopfrechnen. Wir sprechen auch von der

zentralen Exekutive, unserem sprachlichen und visuellen Notiz-block.

Insgesamt unterschiedet man **fünf Gedächtnissysteme** des Gehirns, die durch ihren Inhalt definiert sind und dadurch, welche Gehirnareale mit den verschiedenen Gedächtnisarten befasst sind.

Zum besseren Verständnis folgende Abbildung:

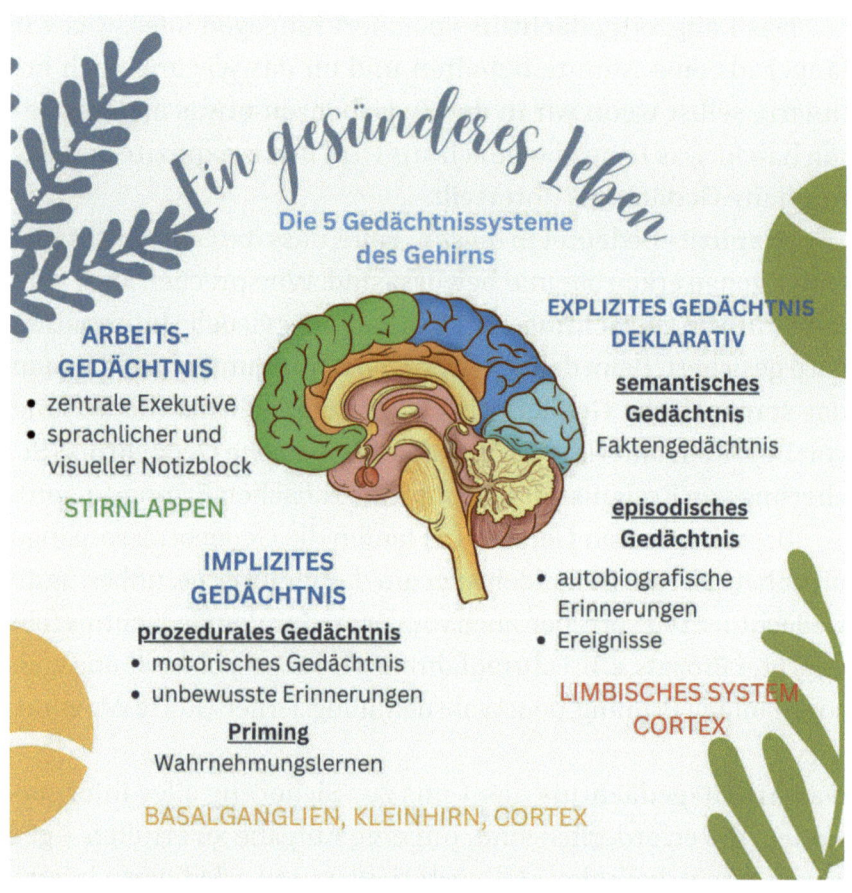

Abbildung 19: Die fünf Gedächtnissysteme des Gehirns

	1. Arbeitsgedächtnis
Explizites Gedächtnis:	2. Semantisches Gedächtnis
	3. Episodisches Gedächtnis
Implizites Gedächtnis:	4. Prozedurales Gedächtnis
	5. Priming

... und deren zugehörige Gehirnareale (farblich zugeordnet).

Welche Gedächtnisprozesse laufen im Alter langsamer ab?
»Das episodische Gedächtnis und das Arbeitsgedächtnis werden beim Altern am meisten in Mitleidenschaft gezogen« (Aleman, A., 2014). Anhand einer Wörterliste mit 15 unzusammenhängenden Wörtern, die vorgelesen wird, und weiteren 12 Wörtern, die anschließend genannt werden, testen Psychologen das episodische Gedächtnis. Die Testpersonen werden gebeten, die Wörter zu wiederholen. Die meisten Testpersonen mittleren Alters (etwa 45 Jahre alt) können sich noch an sieben Begriffe erinnern, betagte Testpersonen um die 70 Jahre alt nur an fünf Begriffe. Das Gedächtnis für unverbundene Wörter verschlechtert sich beim Älterwerden also erheblich.

Das fällt auf, sobald wir beim Einkaufen mit Entsetzen feststellen, dass wir die Einkaufsliste zu Hause vergessen haben. An zusammenhängende Produkte der Liste, zum Beispiel Zutaten für unser Leibgericht, können wir uns noch erinnern, nur zusammenhanglose und regelrecht zusammengewürfelte Produkte der säumigen Einkaufsliste wie Toilettenpapier, Äpfel und Spaghetti sind von unserer gedanklichen Merkliste gelöscht.

Wie steht es mit unserer Merkfähigkeit beim Einprägen von Geschichten?

Ein guter, von Psychologen angewandter Gedächtnistest für die Merkfähigkeit ist die *Wechsler Memory Scale*. Testpersonen sollen sich eine kurze Geschichte merken und nachdem sie diese gehört haben, nacherzählen. Menschen um das 70. Lebensjahr können die Geschichte genauso gut wiedergeben wie 20-Jährige. Unangekündigt werden die Testpersonen nach 30 Minuten erneut zu der Geschichte befragt. Zu diesem Zeitpunkt können sich die jüngeren Personen deutlich besser erinnern als die älteren.

Beim Altern sind viele Gedächtnisprobleme verbaler Natur. Wir vergessen Namen oder auch Geschichten und Ereignisse. Jeder kennt die verzweifelte Suche nach dem Schlüssel. »Wo habe ich nur meinen Schlüssel gelassen? Das gibt es doch nicht!« Wir sind dann »ganz aus dem Häuschen«, drehen jeden erdenklichen Winkel im Raum um und suchen und suchen ... Die beste Möglichkeit ist, zurückzugehen und sich die Handlung des Schlüsselablegens vor Augen zu führen, denn visuelle Verknüpfungen helfen dem Erinnerungsvermögen.

Wir können uns im Alter **weniger Wörter** im verbalen Gedächtnis einprägen und – so zeigen Studien – auch **unwichtige Informationen nicht so gut unterdrücken.** Bei der sogenannten N-back-Aufgabe wird Testpersonen eine kontinuierliche Abfolge von Zahlen gezeigt, wobei sie sich nur jeweils eine Zahl merken sollen, zum Beispiel die Zahl 3. Sobald die Zahl 3 zu sehen ist, soll die Testperson bei der folgenden Zahl eine Taste drücken (das wäre die 1-back-Aufgabe). Bei der 2-back-Aufgabe müsste die Testperson bei der übernächsten Zahl nach Erscheinen der Zahl 3 die Taste drücken usw. Die meisten älteren Menschen sind in N-back weniger gut als jüngere. Bei den schwierigeren Varianten von 3-back und 4-back wird der Unterschied immer deutlicher (Aleman, A., 2014).

Beide Aspekte – sich weniger Wörter einprägen zu können und unwichtige Informationen nicht so gut unterdrücken zu können – haben einen ungünstigen Einfluss auf die Leistung unseres Arbeitsgedächtnisses. Wir können uns nicht mehr so gut konzentrieren, wenn wir zum Beispiel ein Buch lesen und gleichzeitig ein Lärmpegel herrscht, da wir diese irrelevante Information schlecht ignorieren können. Die präfrontale Hirnrinde ist für das Herausfiltern unwichtiger Informationen zuständig. Ihre Leistungsfähigkeit lässt im Alter nach.

Manchmal erscheint es mir ganz leicht, etwas zu lernen. Ich kann mir Dinge merken, ohne dies wirklich vorgehabt zu haben. Ich erinnere mich an Fakten nach einmaligem Lesen, und das ohne Anstrengung. Dann wiederum kann ich mich an Ereignisse und Fakten nicht erinnern, die ich mir vermeintlich gut eingeprägt hatte. Und vor allem lerne ich schnell, wenn ich Neues beginne, doch dann stagniert der Lernerfolg wieder. Die Ursache hierfür liegt meist darin begründet, dass ich der Sache nicht genügend Aufmerksamkeit schenke und glaube, »nebenbei« lernen zu können. Wir sollten uns jedoch feste Lerngewohnheiten zulegen, denn nur fokussiertes und bewusstes Lernen fördert unser Gedächtnis!

Der **Psychologieprofessor K. Anders Ericsson** postuliert, dass wir mindestens eine Stunde täglich konzentriert lernen und üben müssen, um unser Gehirn optimal zu trainieren und auf einem Gebiet zum Experten werden zu können. Dies erfordert Motivation und Planung. Strukturierte Tagesabläufe und das Festlegen von Ort und Zeit zum Lernen und Üben haben sich für mich als hilfreich erwiesen. Ericssons These ist, dass jedes Expertentum nur durch Üben, Üben und nochmaliges Üben und Wiederholen erlangt werden kann. In unseren Gedächtnissystemen kann nur abgespeichert werden, was wir explizit verarbeitet haben. Wir sollten uns aufmerksam der Aufgabe widmen, nach bekannten Assoziationen suchen und diese mit dem neu zu Erlernenden verknüpfen. Einfach nur zu üben, reicht nicht aus!

Gezieltes und bewusstes Üben bringt Erfolg:
1. Klare Zielsetzung
2. Fokussierung
3. Feedback
4. Jenseits der Komfortzone
5. Tun und Wiederholen

Wenn Sie diese Vorgehensweise vertiefen möchten, empfehle ich Ihnen das Buch von K. Anders Ericsson und Robert Pool: »**TOP – Die neue Wissenschaft von bewusstem Lernen**«, Pattloch, 2016.

Wie können wir unsere Gedächtnis- und Merkfähigkeit verbessern? Wenn Sie Ihre Merkfähigkeit verbessern wollen, denken Sie daran, dass sich dieser Prozess ebenso vollzieht, als würden Sie eine Datei auf Ihrem Computer anlegen.

Sie müssen die Datei erstens erstellen, im zweiten Schritt speichern und im letzten Schritt wiederfinden. Bezogen auf unser Gehirn bedeutet das:
1. Trainieren Sie Ihre Aufmerksamkeit ohne äußere Ablenkung. Sie müssen sich die Information, die Sie erhalten, merken wollen, z. B. einen **Namen.**
2. Wenn Ihr Gegenüber sagt: »Ich bin Max«, wiederholen Sie den Namen am besten sofort und sagen: »Hallo Max.«

Speichern Sie die Information ab durch Wiederholung, durch Assoziation und Visualisierung. Schaffen Sie sich ein Bild, das den Namen widerspiegelt oder verknüpfen Sie den Namen mit einer berühmten Person oder einem Bekannten. Verwenden Sie eine Metapher – je verrückter, desto einprägsamer!

3. Wenn die Schritte 1 und 2 gut absolviert wurden, ist Schritt 3 einfach, und Sie werden sich erinnern.

Für das Merken von **Listen** hat sich der sogenannte Gedächtnispalast bewährt. Stellen Sie sich dazu vor, Sie betreten zum Beispiel Ihr Schlafzimmer. Sie kennen jedes Bild und jedes Möbelstück in diesem Raum. Zeichnen Sie eine Aufsicht des Raumes und bewegen Sie sich gedanklich von der Eingangstüre im Uhrzeigersinn durch den Raum. Schreiben Sie 15 Gegenstände von 1 bis 15 auf. Merken Sie sich dann Ihren Gedächtnispalast. Sie müssen die richtige Reihenfolge der Objekte kennen. Jetzt verknüpfen Sie die Gegenstände auf Ihrer Liste mit den Gegenständen in Ihrem Gedächtnispalast. Wenn auf Ihrer Liste an Stelle 1 zum Beispiel »Notizblock« steht und der Gegenstand 1 in Ihrem Schlafzimmer ein Bild ist, kleben Sie gedanklich einen Notizzettel auf das Bild usw. Nutzen Sie alle Ihre Sinne und schmücken Sie reich und bunt den Raum. Um die Liste abzurufen, müssen Sie lediglich durch Ihren Gedächtnispalast gehen.

Zum besseren Einprägen eines **gelesenen Textes** sind 5 Schritte nötig:
1. Überfliegen Sie das Dokument, um zu erkennen, wie die Informationen dargeboten werden.
2. Fragen Sie sich, was Sie bereits über das Thema wissen und was Sie sich vom Text erhoffen. Das hilft, den Sinn zu finden und Neues im Text mit bereits vorhandenem Wissen zu verknüpfen.
3. Lesen Sie den Text und halten nach jedem Kapitel kurz inne, um zu rekapitulieren.
4. Legen Sie den Text zur Seite und fragen Sie sich, was Sie an

Information gewonnen haben. Kann ich es jemand anderem erklären, und worin besteht der Sinn des Gelesenen?

5. Überfliegen Sie den Text noch einmal und füllen die Gedächtnislücken.

Ihr Gedächtnis ist ein Muskel, den Sie trainieren müssen. Üben Sie und kultivieren Sie Ihr Gedächtnis!

Ich empfehle Ihnen das Buch von Phil Dobson: **»Das Buch des Denkens – Eine Gebrauchsanweisung fürs Gehirn«**, Midas Verlag. Ich trainiere anhand dieses Buches mein Gehirn.

Faktor 6: Unsere Denkfähigkeit: Räumliches Denken, Logik, Kreativität

»Wo Materie ist, da ist Geometrie.«

Johannes Kepler

Räumliches Denken – Geometrie in unserer dreidimensionalen Welt – ermöglicht uns, zu erkennen, wo sich Gegenstände befinden, wie weit sie entfernt sind und wie schnell sie sich bewegen. Auch unsere eigene Orientierung im Raum wird durch diese Fähigkeit geprägt. Schon bei einfachen, alltäglichen Handlungen, wie Butter auf ein Brot zu streichen, ist diese visuomotorische Koordinationsfähigkeit gefragt. Die räumliche Denkfähigkeit entwickelt sich mit zunehmendem Alter. Bis zum Alter von 14 Jahren ist die Fähigkeit zur räumlichen Orientierung durchschnittlich zu weniger als 80 Prozent und erst im Alter von 25 Jahren zu etwa 80–90 Prozent entwickelt (Wilhelm, M. et al., 2017).

Und wie verändert sich dieses Navigationssystem des Gehirns im Alter? Es verliert an Präzision. Magdeburger Wissenschaftler untersuchten das Orientierungsvermögen von 41 Männern und Frauen in 2 Gruppen: junge Erwachsene im Alter von 19 bis 30 Jahren und ältere Erwachsene im Alter von 63 bis 81 Jahren. Je nach Versuchsaufbau bewegten sich die Probanden durch virtuelle Schauplätze oder im realen Raum. Dort mussten sie sich die Lage von Objekten merken oder ihre Position relativ zum Ausgangspunkt ihrer Bewegung. Über ein MRT wurde deren Hirnaktivität bei der virtuellen Variante gemessen. Die jungen Probanden schnitten besser ab und es wurde ein Zusammenhang zwischen der verminderten Navigationsleistung und Defiziten der Gitterzellen festgestellt. Gitterzellen sind an verschiedenen Hirnfunktionen beteiligt. Die instabile Aktivität der Gitterzellen führt im Alter zu verstärkten Problemen mit der räumlichen Orientierung (Stangl, M. et al., 2017).

Wie lässt sich räumliches Denken trainieren? Studien zeigen, dass Menschen, die nicht so gut im logischen Denken sind, häufig jene sind, die sehr visuell denken, und Menschen, die besser im logischen Denken sind, abstrakter denken. Die Menschen, die schlecht im logischen Denken sind, werden besser, wenn sie sich abgewöhnen, zu visuell zu denken. Es lohnt sich beim logischen Denken, auf abstrakte räumliche Muster zurückzugreifen. Hierzu eignen sich unterschiedliche Aufgabenstellungen von Spielen wie Figurenreihen, gespiegelte Figuren, Figuren zuordnen, visuelle Analogien, Würfel drehen und Faltvorlagen. Es gibt Apps und Spiele für räumliches Denken, aber auch kostenfreie Trainingscenter im Internet wie zum Beispiel https://www.mental-aktiv.de. Erstaunlicherweise hilft es auch, Jonglieren zu üben, wie eine Studie beweist. 24 Frauen und 20 Männer zwischen 50 und 67 Jahren übten drei Monate das Jonglieren und wurden anschließend untersucht. Die Akrobatik hatte Spuren hinterlassen. Der Hippocampus, ein zentraler Bereich für das Lernen, und Nucleus accumbens, ein Teil des Belohnungssystems, waren gewachsen. Die graue Substanz, zuständig für die Erfassung von Bewegungen im Raum, hatte zugenommen (Deutsches Ärzteblatt, 2008).

Logisches Denken ist die allgemeine Fähigkeit, die jeder Mensch besitzt, um Probleme und Entscheidungen in seinem Leben zu lösen. Die logische Schlussfolgerung hingegen ist ein Teilbereich des logischen Denkens, der sich auf die Fähigkeit konzentriert, aufgrund von gegebenen Fakten logisch abgeleitete Schlüsse zu ziehen. Der Frontallappen stellt das Kontrollzentrum des menschlichen Gehirns dar. Er wird als »großer Dirigent des Orchesters« bezeichnet und ist für die Planung, das logische Denken, die Problemlösung und die Urteilskraft zuständig.

Eine Verbesserung der Fähigkeit, logische Schlussfolgerungen zu ziehen, kann dazu beitragen, unser Denken zu schärfen, unsere Entscheidungen leichter zu treffen, Probleme effektiver zu lösen und unsere Kommunikation zu fördern.

Deshalb lesen und schreiben Sie regelmäßig. Lernen Sie eine Sprache, lösen Sie Denksportaufgaben oder üben Sie Sudoku. Reflektieren Sie die eigenen Argumentationsstrukturen und holen sich Feedback von anderen.

Kreativität wird in erster Linie der »wilden Jugend« zugeschrieben und Weisheit dem »gereiften Alter«. Der amerikanische Altersforscher Gene D. Coen widerlegt dieses Altersstereotyp und legt dar, dass jedes Alter sein ganz eigenes kreatives Potenzial hat. Während sich Kreativität in der Jugend durch »Ausprobieren« neuer Betrachtungsweisen und Muster

entwickelt, ist Kreativität im Alter durch neues »Verknüpfen bekannter Vorgänge«, durch neues Mischen geläufiger Muster ge-
kennzeichnet (Coen, G. C., 2010). Kreativität bedeutet nicht nur,
aus unbekannten Dingen Neues zu entwickeln, zum Beispiel ein
neues Rezept mit neuen Zutaten zu kochen, sondern auch aus
bekannten, alltäglichen Gegenständen Neues zu erschaffen, zum
Beispiel aus den noch vorhandenen Lebensmitteln, die der Kühlschrank hergibt, ein neues Gericht zu kreieren.

In der Psychologie wird zwischen »großer Kreativität« (welt-
verändernde Entdeckungen) und »kleiner Kreativität« (sinnhafte,
alltägliche Lösungsansätze) unterschieden. Kreativität im Kleinen führt in einer neuen Lebenssituation zu neuen Lösungen.
Beim Finden kreativer Lösungen spielen Erfahrung und Wissen
eine große Rolle – beides nimmt im Alter zu. Gerade die späten
Jahre im Leben eignen sich besonders gut, um eine kreative Ader
in sich neu zu entdecken.

Neue Ideen entstehen durch Zufall, durch eine spielerische
Kommunikation zwischen Nervenzellen. Die Zufallskomponente
in den Synapsen stellt bei einem Lernprozess eine zufällige Aktivität zur Verfügung. Nervenzellen, die während einer bestimmten
Aktivität gleichzeitig aktiv sind, verstärken die Synapsen zwischen ihnen. Je häufiger ich etwas tue, desto größer werden die
Zellensembles und bieten Stabilität. Kleine Zellensembles sorgen für Flexibilität und Kreativität.

Kreativität hängt zudem von Fähigkeiten des Stirnlappens
ab, und dieser hat auch im Alter noch ein großes Potenzial.

Wissenschaftler der Jacobs University Bremen haben Stu-
denten verschiedene Aufgaben gestellt: »Wozu kann man einen
Ziegelstein, wozu eine Büroklammer verwenden?« Gleichzeitig
wurden die Gehirnaktivitäten und die Auswirkungen der in-
hibitorischen Kontrolle auf die Gehirnströme gemessen, das

heißt die Fähigkeit, seine Gedanken und Reaktionen zu kontrollieren. Ergebnis: Menschen mit einer geringeren Impulskontrolle haben auch Schwierigkeiten, kreative Lösungen für Probleme zu finden. Kreativität fördert die Kontrolle über unsere Gedanken und Reaktionen (Khalil, R. et al., 2020).

Wie können wir unsere Kreativität fördern? Indem wir ungewohnte Dinge tun. Etwas ausprobieren, ohne Angst vor Fehlern zu haben. Basteln, malen, kalligraphieren, handarbeiten, Arbeiten mit Ton und Speckstein, etwas selbst reparieren, kochen ... Kreativität beginnt mit der Neugier, etwas herausfinden oder meistern zu können. Dabei versucht das kreative Gehirn, viele unterschiedliche Eindrücke neu zusammenzufügen – intuitiv, lateral und herumschweifend. Dieses Hirn löst Probleme. Wir verlassen uns häufig auf das logische Hirn und vergessen, dass unser kreatives Hirn eine erworbene und nicht angeborene Fähigkeit besitzt, die sich mit Übung verbessern lässt.

Der kreative Prozess läuft laut Autor Phil Dobson in fünf Schritten ab:
1. Erfahrung: Absorption und Assimilation von Wissen und Erfahrung
2. Inkubation: Zeit, das Gelernte zu verarbeiten und Schlüsse zu ziehen
3. Frage: Ein Problem taucht auf
4. Erleuchtung: Entstehung von Ideen, einer Lösung
5. Aktion: Umsetzung dieser Lösung

Wie können Sie diesen Prozess durchlaufen und Ihre **Kreativität fördern**?

Bleiben Sie neugierig, lesen Sie viel, erweitern Sie Ihren Horizont und hören Sie anderen Menschen aufmerksam zu. Notieren

Sie sich alle Ihre Gedanken in einem Notizbuch. Lösen Sie Probleme mit Bedacht, nicht auf die Schnelle. Versuchen Sie das Problem genau zu definieren, bevor Sie nach einer Lösung suchen. Schreiben Sie sich hierzu möglichst viele Fragestellungen auf.

An einer Problemlösung sind **divergentes Denken** (ohne Einschränkung, Auswahl, Brainstorming) und **konvergentes Denken** (Finden einer einzigen Lösung) beteiligt.

Divergentes Denken können Sie üben, indem sie zum Beispiel darüber nachdenken, welche Einsatzmöglichkeiten es für einen Gegenstand gibt, etwa eine Büroklammer. Konvergentes Denken können Sie üben, indem Sie für Wortgruppen ein Wort finden, das alle verbindet, zum Beispiel Manieren – rund – Tisch = Tischmanieren oder Schmerz – Bedeckung – Zeile = Kopf.

Wenn Sie eine Lösung für ein Problem finden wollen, definieren Sie Ihre Frage präzise und schreiben sich möglichst viele Gedanken dazu auf und denken dann nicht mehr darüber nach, schlafen eine Nacht darüber oder gehen spazieren. Die Lösung ergibt sich irgendwann von selbst.

Mehr hierzu finden Sie im Buch von Phil Dobson »**Das Buch des Denkens**«.

»Das wahre Zeichen der Intelligenz ist nicht Wissen, sondern Fantasie.«
Albert Einstein

Faktor 7: Unsere Lernfähigkeit und unsere Denkgeschwindigkeit

Ein Sprichwort sagt: »Was Hänschen nicht lernt, lernt Hans nimmermehr.« Glücklicherweise stimmt das nicht! Senioren können bis ins hohe Alter lernen. Ihr Gehirn wächst und regeneriert sich, wie wir schon aus den vorigen Kapiteln des Buches wissen. Ältere Menschen bauen auf guter Bildung und Lebenserfahrung auf, sind sprachgewandt und können komplexe Situationen besser als jüngere Menschen beurteilen.

Das Gehirn altert in den vorderen Anteilen schneller als in den hinteren, das heißt, der Stirnlappen und der Hippocampus altern schneller als andere Bereiche des Gehirns. Die Nervenzellen im präfrontalen Bereich verlieren ihre Isolierschicht um die Axone, weshalb sich die **Rechengeschwindigkeit** des Gehirns verlangsamt. Es kommt insgesamt zu einem Verlust von Nervenzellen und damit zu einer Abnahme der **Rechenkapazität**. Das hat zur Folge, dass wir prozentual mehr Gehirnressourcen benötigen, um eine Aufgabe zu lösen. Zusätzlich sinkt der Dopaminspiegel, der die selektive Aufmerksamkeit steuert, weshalb wir nicht mehr so leicht mehrere Dinge gleichzeitig tun können, ohne den Faden zu verlieren (Korte, M., 2012).

Ist die nachlassende Denkgeschwindigkeit für ältere Menschen belastend? Nein, meist wird es nicht beklagt, denn das Tempo spielt keine so große Rolle. Wichtig ist es, dass wir einen Beipackzettel verstehen, uns zum Beispiel merken können, um welches Mitbringsel wir gebeten wurden oder dass wir am Ticketautomaten an der U-Bahn-Station eine Fahrkarte lösen können – zusammenfassend gesagt, dass wir alltägliche

Aufgaben bewältigen können. Zeit spielt dabei weniger eine Rolle, die steht uns in vollem Umfang zur Verfügung. Allerdings ist zum Beispiel als **Verkehrsteilnehmer** eine gute Reaktionszeit entscheidend, um auf brenzlige Fahrsituationen angemessen reagieren zu können. Wir müssen schnell auf die Bremse treten können, wenn plötzlich ein Fußgänger die Straße überquert, müssen sekundenschnell entscheiden, ob wir überholen oder als Fahrradfahrer ausweichen können, wenn versehentlich ein Autofahrer seine Tür öffnet und uns übersieht. Die Denkgeschwindigkeit und Reaktionszeit sind auch in zahlreichen anderen Situationen von Bedeutung, zum Beispiel wenn uns ein Handwerker die Funktion eines neuen Gerätes erklärt oder wir ein Gespräch mit mehreren Menschen gleichzeitig führen und verstehen sollen.

Das Maß an Denkgeschwindigkeit bestimmt mit, ob ein älterer Mensch den Anforderungen des Alltags noch gewachsen und somit in der Lage ist, **allein und selbstbestimmt** zu wohnen. Im Bereich der Geriatrie, der Altersheilkunde, wurden in den letzten Jahren graduell unterschiedliche Zwischenlösungen mit adäquaten Hilfsangeboten für das Betreute Wohnen entwickelt, die verschiedenste Fähigkeiten der Menschen berücksichtigen. Auch Projekte und Eigeninitiativen von Wohngemeinschaften älterer Menschen veranschaulichen, dass der Wunsch nach Selbstbestimmung – in welchen Rahmenbedingungen man leben möchte – kreativ mit eigenen Lösungsvorgaben umgesetzt werden kann.

Tatsache ist, wir werden mit den Jahren definitiv geistig zunehmend träger. Die Verringerung der Denkgeschwindigkeit liegt allen anderen geistigen Einbußen zugrunde und sie lässt beim Älterwerden von allen kognitiven Funktionen am stärksten nach (Salthouse, T. A., 2012).

»Ich habe ein Alter erreicht, in dem ich meinem
Gedankengang häufig hinterherhinke.«
unbekannt

Können wir auf unsere Denkgeschwindigkeit Einfluss nehmen?
Ja, zum Beispiel mit Videospielen. Sie haben richtig gelesen.
Videospiele für Senioren – Trainingsprogramme für das Gehirn.
Es muss dazu erwähnt werden, dass schon zahlreiche Senioren-
spiele auf dem Markt angeboten wurden, die einer wissenschaftlichen Überprüfung der Wirksamkeit allerdings nicht stand-
hielten. Dr. John Medina ist Entwicklungsbiologe und hat sich auf
die Zusammenhänge von Neurologie und Bildung spezialisiert. In
seinem **Buch »Brainrules fürs Älterwerden«** beschreibt er seine
Erfahrungen mit derartigen Videospielen und empfiehlt »Neu-
roRacer« als eigens konzipiertes Videospiel zur wissenschaftlich
nachgewiesenen Verbesserung des Arbeitsgedächtnisses und der
Aufmerksamkeit. Bereits nach sechs Monaten Training ist der
positive Effekt messbar (Anguera, J. A. et al., 2013).

Im Internet finden sich ebenfalls Webseiten mit Spielen und
Rätseln, um die kognitiven Fähigkeiten zu stärken, wie »Brain-
fit« oder »HAPPYneuron« oder mobile Geräte wie Nintendo DS®.
Ob sich Videospiele, Webseiten mit Rätseln oder mobile Geräte
für Sie persönlich eignen, sollten Sie selbst herausfinden. Und
was auf keinen Fall bei diesen Aktivitäten fehlen sollte: der Spaß
und die Freude am Knobeln, Spielen, Ausprobieren und natürlich
an Ihren Erfolgserlebnissen!

Wissenschaftler der Yale University in den USA fanden heraus, dass häufiges Lesen von Büchern die kognitiven Fähigkeiten
älterer Menschen erhöht und sogar deren Leben verlängert. Le-
sende leben durchschnittlich 23 Monate länger als Nichtleser
(Bavishi, A. et al., 2016).

Abbildung 20: Werden Sie zur Leseratte

Wie wir schon in den vorigen Kapiteln besprochen haben, sind folgende Faktoren generell zur Verbesserung Ihrer kognitiven Fähigkeiten wichtig:

Sport – Ernährung – Schlaf – neue geistige Herausforderungen – soziales Netzwerk

Faktor 8: Unser Konzentrationsvermögen: Bewusstsein und Aufmerksamkeit

Bin ich ein Schussel oder ist meine verminderte Aufmerksamkeit nur ein charmantes Leiden, das mein Umfeld und mich selbst zum Lachen bringt? Wenn ich zum Beispiel hektisch nach meiner Lesebrille suche, diese aber unbemerkt auf dem Kopf trage. Oder wenn ich eben noch den Schlüssel in der Hand hielt, ihn wenig später jedoch verzweifelt, den Tränen nahe suche und einfach nicht mehr finden kann ... bis ich ihn im Badezimmerschrank wiederentdecke! Wie kommt er denn verdammt noch mal dorthin? Ich versuche mich zu erinnern und meine Recherche ergibt, dass ich angerufen wurde, während ich im Bad noch einmal mein Haar sortierte, um für meinen anstehenden Termin adrett auszusehen. Dann wollte ich gehen und der Schlüssel war verschwunden. Besonders ärgerlich und auch teuer wurde es, als ich einen Flug nicht antreten konnte, weil ich den abgelaufenen anstelle des neuen Reisepasses am Flugschalter in der Hand hielt. Kilometerweit vom Terminal entfernt, lagerte der richtige Pass im Safe zu Hause. Shit happens! Aber wo führt das hin? Wenn ich mit 66 Jahren schon ratlos in der Küche stehe und ich mich frage, was ich dort eigentlich wollte, wo stehe ich dann mit 80? Suchend an einer Haltestelle mit der Frage im Kopf, wo ich denn gleich nochmal wohne?

Wir alle sind tagtäglich Situationen ausgesetzt, in denen wir mit einer Vielzahl von Reizen konfrontiert werden. Relevante Informationen werden dann von unserem Arbeitsgedächtnis herausgefiltert und von unwichtigen Reizen getrennt. Unser Gehirn arbeitet selektiv. Immer wieder werden gespeicherte Daten überschrieben und vergessen. Tübinger Wissenschaftler einer Studie gewannen den Eindruck, »dass das Gehirn bestimmte Frequenzkanäle im Gehirn ausnutzt, um Informationen zwar synchron zu übertragen, zugleich aber die Fülle dieser Informationen schon während der Übertragung zwischen den Hirnarealen nach wichtig und unwichtig zu sortieren« (Simon N., Jacob et al., 2018).

Genau genommen ist Schusseligkeit gar kein Versagen, sondern ein ganz normaler Vorgang in unserem Gehirn. Doch führen Ablenkungen und Reizüberflutungen generell zu verminderter

Konzentration und fördern Schusseligkeit und Alltagsvergess-lichkeit. Unser Gehirn benötigt Auszeiten!

Die Neurowissenschaftlerin Imke Kirste konnte in einer Studie zeigen, dass das Gehirn bei völliger Stille neue Zellen im Hippocampus bildet, der zuständigen Region für das Gedächtnis und das Lernen (Kirste, I. et al., 2015).

Brian Ostafin von der niederländischen Universität Groningen stellte seinen Probanden Denkaufgaben. Ihnen stand hierfür unbegrenzt Zeit zur Verfügung. Bevor sie die Aufgaben lösten, mussten sie sich eine zehnminütige Tonaufnahme anhören. Eine Gruppe erhielt Meditations- und Atemübungen, die andere einen geschichtlichen Text. Die Teilnehmer mit den Entspannungs-übungen konnten die Aufgaben wesentlich besser lösen (Wirt-schaftswoche, 2012).

Bleiben Sie in Ihrem Alltag **achtsam** und **aufmerksam** und nehmen Ihr Umfeld und Ihr eigenes Handeln mit klarem Blick wahr, ohne sich von Gedanken und äußeren Einflüssen ablenken zu lassen oder das Wahrgenommene zu bewerten.

Widmen Sie sich bewusst den Dingen des Alltags und gönnen Sie sich **Pausen**! Legen Sie im Hamsterrad des versuchten Mul-titaskings immer wieder einmal einen Halt ein, schaffen Sie sich bewusst Freiräume. Jeder **Be**lastung sollte eine **Ent**lastung fol-gen, um Überanstrengung und Folgeschäden vorzubeugen. Wenn Sie – wie ich gerade – am Bildschirm arbeiten, stehen Sie ab und zu auf, öffnen das Fenster und schauen in die Ferne. Schließen Sie auch die Augen, um den Sehmuskel zu entlasten und frische Luft zu schnappen.

Legen Sie Ihr Smartphone aus Ihrem Sichtfeld. Schalten Sie es aus und legen Sie Zeiten für das Einschalten und Bearbeiten von Nachrichten, das Telefonieren und das Durchstöbern von Social-Media-Kanälen usw. fest.

Körperliche Aktivität steigert die Konzentrationsfähigkeit. Lerneinheiten mit Bewegung sind besonders effektiv, ebenso bewegte Pausen.

Achten Sie auf Ihren Körper. Gewöhnen Sie sich an, regelmäßig Ihre **Körperhaltung** zu überprüfen. Stehen Sie aufrecht, drücken Sie die Brust raus und ziehen Sie Ihre Schultern nach hinten. Veränderungen der Körperhaltung wirken sich auf die Psyche aus. Achten Sie aufmerksam auf die **Signale Ihres Körpers** wie Hunger, Durst und Müdigkeit. Würde ich jetzt gern etwas essen oder trinken? Täte mir ein Power-Nap jetzt gut? Muss ich kurz aufstehen und mich strecken? Brauche ich Frischluft?

Beachten Sie Ihre **Gefühle**! Welche Bedürfnisse habe ich im Moment? Brauche ich ein wenig Ruhe vom herrschenden Geräuschpegel, von der Reizüberflutung oder von der Menschenansammlung? Sollte ich mich zurückziehen?

Wir ignorieren im Alltagsleben gern Körper, Geist und Seele und schenken vermeintlich wichtigeren Dingen als uns selbst mehr Aufmerksamkeit. Aber bedenken Sie:

»Wer keine Zeit für seine Gesundheit hat,
wird später viel Zeit für seine Krankheit brauchen.«
Sebastian Kneipp

Die **Achtsamkeit** auf sich selbst zu lenken, bedeutet »offenes Beobachten« dessen, was im Moment ist, ohne zu werten – seine eigenen Gedanken, Gefühle und Empfindungen in Gelassenheit wahrzunehmen und zu akzeptieren.

Ich empfehle Ihnen hierzu, mit einer **progressiven Muskelentspannungsübung** zu beginnen:

1. Setzen Sie sich bequem auf einen Stuhl, die Füße flach auf dem Boden und Ihre Hände auf dem Schoß. Schließen Sie Ihre Augen.
2. Entspannen Sie Ihren gesamten Körper 5 Minuten lang. Beginnen Sie an Ihren Füßen. Spannen Sie diese an, bevor Sie sie wieder entspannen. Spannen Sie dann Ihre Waden an und entspannen diese anschließend wieder. Wiederholen Sie Anspannung und Entspannung in allen Körperteilen aufsteigend bis zu Ihrem Scheitel – Füße, Waden, Knie, Oberschenkel, Hüften usw. Entspannen Sie auch Ihr Gesicht.
3. Wenn Sie vollständig entspannt sind, öffnen Sie Ihre Augen. Den Zeitpunkt bestimmen Sie.

Durch diese Übung reduzieren Sie Ihren Cortisolspiegel, aktivieren den Parasympathikus und regenerieren. Regelmäßiges Wiederholen verbessert Ihr Wohlbefinden. Sie schlafen besser und schärfen Ihre kognitiven Fähigkeiten.

Unser durch Achtsamkeit gewonnenes neues **Bewusstsein** wirkt sich entscheidend für unsere Gesundheit aus, weil es maßgeblich zu positiven Veränderungen führt. Eine Einstellungsänderung unsererseits, bei der bewusst eine Entscheidung getroffen wird, manifestiert unser Sein. Achtsam mit sich und seiner Körper-Geist-Seele-Einheit umzugehen, ihre Signale wahrzunehmen, zu deuten und entsprechend zu handeln, ist eine sinnvolle und effektive Möglichkeit, sich dem Alltagsstress zu entziehen.

Unsere Gedanken können sich ohne weiteres Zutun auf unsere Gesundheit auswirken. Eine Studie mit älteren Postmitarbeiterinnen und -mitarbeitern konnte nachweisen, dass das suggerierte Mindset »Wir sind älter, haben daher mehr Erfahrung und können dadurch schneller arbeiten« tatsächlich zu einer Verkürzung der Arbeitszeit für einen typischen Arbeitsvorgang führte (Kirchner, C. et al., 2015).

Machen Sie sich Ihre **Denkweisen** bewusst, sie sind der Schlüssel für Ihre Zufriedenheit und Ihr Wohlbefinden. Ihre innere Einstellung zum Leben beeinflusst Ihr Verhalten. Deshalb fragen Sie sich: Was will ich verbessern? Welchen Nutzen habe ich davon und wie will ich mein Ziel erreichen? Ihr Ziel sollte messbar, attraktiv, realistisch und terminiert sein. Machen Sie kleine Schritte, die Sie sicher ans Ziel bringen. Überfordern Sie sich nicht. Entwickeln Sie Routinen. Um sich etwas anzugewöhnen, braucht es Zeit und Geduld. Erleichtern Sie sich diese Aufgabenstellung, indem Sie Ihr Vorhaben so leicht und bequem wie möglich umsetzen. Indem Sie sich zum Beispiel einen gemütlichen, schön gestalteten Meditationsplatz für Ihre Muskelentspannungsübungen einrichten, den Sie dann gerne aufsuchen. Um sich hingegen eine schlechte Gewohnheit abzugewöhnen, sollten Sie sich den Zugang erschweren. Wenn Sie beispielweise nicht so häufig fernsehen möchten, ziehen Sie den Stecker, entfernen die Batterien aus der Fernbedienung oder verbannen das Fernsehgerät in den Keller.

Wer Herausforderungen statt Probleme sieht, erhöht seine Erfolgsaussichten immens! Eine achtsame Lebensweise ist die beste Voraussetzung für ein langes und gesundes Leben.

Auf das Thema innere Einstellung gehe ich im folgenden Kapitel »Seele« noch ausführlicher ein.

Abbildung 21: Ihr Denk-Zettel

Faktor 9: Unser Wissen und unsere Weisheit

»Eine clevere Person löst Probleme,
eine weise Person vermeidet sie.«
Albert Einstein

Treffen wir mit zunehmendem Alter auch weisere Entscheidungen? Das gilt es noch in diesem Kapitel zu klären. Weisheit zu messen ist nicht so einfach. Es mangelt an einer einheitlichen Definition. Doch was allen Definitionen gemein ist: Weisheit wird als eine Charaktereigenschaft mit älteren Menschen in Verbindung gebracht.

Bernard Lievegoeds Modell der Lebensphasen bezeichnet die Lebensphase der Hochbetagten als geistige Phase mit Fokus auf »weise sein«. Die **psychosoziale Entwicklung nach Erik Erikson** sieht im letzten Lebensabschnitt der »Ich-Integrität vs. Verzweiflung« den Menschen vor die Aufgabe gestellt, auf sein Leben zurückzublicken. Erikson nennt in diesem Zusammenhang den Menschen weise, der sein Leben wohlwollend betrachtet und sich zufrieden zeigt. Er hat **Ich-Integrität** erreicht, erkennt und akzeptiert somit die Endlichkeit des Daseins und kann den Tod als sein Ende annehmen.

Was bedeutet **Weisheit**? Der Schriftsteller **Rolf Dobelli** definiert Weisheit als Maß für die Geschicklichkeit, mit der wir durch das Leben navigieren. Für Weisheit steht vor allem die **Prävention**. Fast alle Schwierigkeiten und Unwägbarkeiten sind einfacher zu vermeiden als zu beheben. Es bedarf Verständnis für die Sachlage eines Problems und ausreichend Vorstellungskraft für das erfolgreiche Lösen der Schwierigkeit. Dabei ist niemand perfekt, doch der weise Mensch entwickelt neue Alternativen, erkennt die Zusammenhänge und vermeidet die Gefahrenlage aus Erfahrung. Durch Lebenserfahrung und Abgeklärtheit entsteht innere Reife. Weisheit zeigt sich in den Faktoren Gelassenheit, Weitsicht und geistige Stärke.

Weisheit korreliert mit **Wissen**. Sie beruht auf bewusstem Einsatz von Verstand, Wissen und Lebenserfahrung. Weise Menschen haben ein tiefes Wissen über das Leben und können schwierige Probleme in ihrer ganzen Komplexität erfassen, ihre Erfahrungen reflektieren und eine Lösung finden.

Der amerikanische Psychologe **Michael Oregon** sieht den Kern der Weisheit in der **Selbsttranszendenz**, der Fähigkeit, mit sich selbst im Reinen zu sein – ähnlich dem Ansatz von Erik Erikson. **Stanley Hall**, ebenfalls amerikanischer Psychologe, setzt Weisheit mit der im Alter wachsenden philosophischen Ruhe, Unparteilichkeit und dem Wunsch nach dem Ableiten moralischer Maximen in Beziehung (Theissig, K., 2006).

Wenn ich gefragt werde, wen ich für einen weisen Menschen halte, dann fällt mir spontan **Mahatma Gandhi** ein. Er entwickelte die Methode des »zivilen Ungehorsams« – Vorbild für alle Menschenrechtsbewegungen. Seine gewaltlose Haltung bezog er aus Erkenntnissen des Hinduismus und Buddhismus. Er erarbeitete das Prinzip der Gewaltlosigkeit für unsere Zeit neu und nutzte es als wirkungsvolle Waffe im indischen Unabhängigkeitskampf. Gandhi zeigt uns damit den Weg, das Gleichgewicht zwischen gesellschaftlichen und persönlichen Lebensansprüchen wiederzufinden (Kämpchen, M., Die große Seele – Die Weisheit des Mahatma Gandhi, Insel Verlag, 2019).

Unermüdlich setzte sich Gandhi für die Unabhängigkeit Indiens. Insgesamt war er acht Jahre lang inhaftiert. Er kämpfte ohne Gewalt und siegte am Ende. Im August 1947 erlangte Indien Unabhängigkeit. Er verkörpert für mich einen Menschen, der aufgrund seiner Lebenserfahrung und seiner moralischen Erkenntnisse zutiefst von seinen Zielen für ein unabhängiges Indien mit selbstbestimmten Lebensbedingungen überzeugt ist und sie über sein eigenes Schicksal, sein eigenes Leiden stellt. Mit dieser Weisheit und Haltung bewegt er die Menschen und verändert damit ihr Leben.

Wenn ich weiter in der Geschichte – bis zur Antike – zurückdenke, empfinde ich **Sokrates** als weisen Menschen. Sokrates war ein griechischer Philosoph, der im 5. Jahrhundert v. Chr. in Athen lebte. Er philosophierte auf dem Marktplatz, sodass ihn alle hören konnten und stellte den Menschen in den Mittelpunkt seiner Gedanken. Es war ihm ein Anliegen, dass die Menschen ihre Ideen und Auffassungen hinterfragten und gerecht handelten – es sei besser, Unrecht zu erleiden, als Unrecht zu tun. Als er den Befehl erhielt, einen Tyrannen namens Leon von der Insel Salamis zu verhaften, widersetzte er sich dem Befehl

Besonders gefällt mir sein geflügeltes Wort:

»Ich weiß, dass ich nichts weiß.«

Dieser Satz fiel während einer Gerichtsverhandlung, die zu seinem Todesurteil führte. Sokrates strebte nach Weisheit und forderte zu eigenständigem Denken auf. Er wurde wegen Gotteslästerei und Irreführung der Jugend angeklagt. In seiner Verteidigungsrede soll er auf seinen Ankläger verweisend gesagt haben: »Es mag sein, dass keiner von uns beiden sonderlich viel weiß. Er meint zu wissen, obwohl er nicht weiß. Ich scheine also um dieses wenige doch weiser zu sein als er. Dass ich, was ich nicht weiß, auch nicht glaube zu wissen.«

Das ist der Kernsatz, der Weisheit bis heute definiert: **Wissen und zugleich wissen um die Grenzen des Wissens**

(ZDF/3sat-Video: Sokrates über Wissen und Nichtwissen; https://terraplaincommons.zdf.de).

So die Definition der **impliziten Weisheitstheorien**, die Laientheorien von Weisheit.

Die **expliziten Weisheitstheorien**, die von Experten entwickelten Theoriekonstruktionen, werden in selbstbezogene und allgemeine Weisheit unterteilt. **Selbstbezogene Weisheit** bezieht sich dabei auf die höchste Einsicht und Urteilsfähigkeit in schwierigen und unsicheren Fragen des **eigenen Lebens**, die **allgemeine Weisheit** hingegen auf die des **Lebens anderer** (Theissig, K., 2006).

Nach Staudinger und Smith gibt es drei Formen expliziter Weisheitstheorien:

1. Weisheit als **Persönlichkeitseigenschaft**
2. Weisheit als **Charakteristik des Denkens**
3. Weisheit als **Expertentum in fundamentalen Fragen der Lebensplanung**

(Staudinger, U. M. et al., 1992)

In allen Kulturen wird Weisheit mit Erfahrung und Weitergabe von Wissen aus der Vergangenheit verknüpft. Aber sind **Weisheit und Wissen** immer miteinander gleichzusetzen? Heutzutage können wir in kürzester Zeit an Informationen aus dem Internet oder über digitale Assistenten der künstlichen Intelligenz gelangen. Jüngere Menschen können meist effektiver als ältere mit den modernen Medien umgehen, doch wenn wir Weisheit als Verständnis für komplexe Lebensfragen und den souveränen Umgang mit schwierigen Problemen verstehen, fallen die gelebten Jahre der älteren Menschen durchaus positiv ins Gewicht.

Wenn Weisheit und Kompetenz mit fortschreitendem Alter zunehmen, wie erklärt es sich dann, dass die geistigen Kräfte mit zunehmendem Alter abnehmen? Um dieser Frage wissenschaftlich nachzugehen, gilt es zu erkunden, welche Merkmale Weisheit beschreiben können. Zwar liegt keine einheitliche, allumfassende Definition vor, doch das **Weisheitsmodell nach Paul Baltes** ist hilfreich. Es konstituiert folgende Weisheitsmerkmale:

1. Facettenreiches Faktenwissen über die Welt
2. Strategiewissen über Lösungen und deren überzeugende Vermittlung
3. Wissen um die Ungewissheit des Lebens
4. Wissen um die Relativität von Werten und Lebenszielen
5. Wissen um die Kontexte des Lebens und des gesellschaftlichen Wandels

Weise Menschen sind nicht nur in der Lage, Ordnung in eine diffuse Problematik zu bringen, sie können auch schnell eine Gewichtung innerhalb einer Palette an Ratschlägen vornehmen.

Die **Soziologin Monika Ardelt** teilt gängige Weisheitsmerkmale in drei Kategorien ein:

1. Kognitive Komponenten: geistige Wahrnehmung
2. Reflexion: verschiedene Perspektiven einzunehmen
3. Affektivität: ein hohes Interesse am Erleben anderer Menschen (Ardelt, M., 2003)

Vereinfacht formuliert vereint Weisheit zwei Merkmale: zum einen Faktenwissen (Wissen, was: Wissen über Objekte und Fakten) und Handlungswissen (Wissen, wie: die Art und Weise, wie ein Problem behandelt wird). Diese Anhäufung von Wissen ist nur möglich, wenn bestimmte Situationen bereits mehrfach erlebt wurden. Der **Neurologe Elkhonon Goldberg** beschreibt diesen Erfahrungsschatz als die Fähigkeit überragender **Mustererkennung**. Nach Goldberg hat das 50-plus-Gehirn eine Vielfalt von Musterlösungen für zahlreiche lebensweltliche Probleme zur Verfügung, da es bereits einiges an Lebens- und Berufserfahrung angesammelt hat. Je höher die Erfahrung, desto effektiver erweisen sich die unbewusste Analyse, die Intuition als Grundlage für angemessenes, lösungsorientiertes und somit weises Handeln. Diese Art des Wissensschatzes wird als **stilles oder implizites Wissen** bezeichnet (Goldberg, E., 2007).

Bei dieser Mustererkennung besteht eine Arbeitsteilung zwischen rechter und linker Großhirnhemisphäre. Die rechte Hemisphäre ist die Hirnhälfte für die Verarbeitung von Neuem. Sie altert schneller und enthält Areale, in denen verschiedene Sinneswahrnehmungen kombiniert und miteinander verarbeitet werden. Die linke Hemisphäre enthält komprimiertes Wissen und Mustererkennungsinstrumente. Wenn wir Neues lernen, wird zunächst die rechte Hemisphäre involviert, die im Alter beeinträchtigt ist. Doch das Gute ist: Je routinierter wir etwas anwenden und je länger wir bestimmtes Wissen benutzen, desto mehr erfolgt die Umschichtung auf die linke Großhirnhemisphäre. Hier werden Routinen und Muster gespeichert. Die linke Hemisphäre wird im Laufe des Lebens immer stärker genutzt. Sie baut dadurch nach und nach einen zunehmend größeren Speicher von wirksamen Mustererkennungsprozessen auf. Die rechte Hemisphäre dominiert in unserer Jugend und in unserem frühen Erwachsenenalter unsere geistigen Fähigkeiten – in der Lebensphase der Wagnisse und Abenteuer. In reiferen Jahren ist hingegen die linke Großhirnhemisphäre von größerer Bedeutung. Neue Problematiken und Umstände können durch Zugriff auf unseren Erfahrungsschatz abgeglichen, beurteilt und sinnvoll verarbeitet werden (Korte, M., 2012).

Bei völlig **neuartigen Problemen** befinden sich ältere Menschen leicht im Nachteil gegenüber jüngeren, da in diesen Fällen hohe Anforderungen an das Konzentrationsvermögen und das Arbeitsgedächtnis gestellt werden und deren Leistung beim

Älterwerden nachlässt. Dennoch gibt es eine Dimension des Denkens, die sich mit zunehmendem Alter verbessert – das »postformale Denken«. Postformales Denken bedeutet Logik mit Emotionen, Subjektives mit Objektivem, Philosophisches mit Dialektischem zu verbinden. Dies betrifft kognitive Leistungen bei **komplexen Alltagsproblemen**, für die mehrere Lösungen möglich sind. In solchen Situationen ist Flexibilität gefordert. Es müssen mehrere Möglichkeiten gegeneinander abgewogen und überdacht werden. Eine schnelle logische Entscheidung ist oft nicht möglich. Weisheit steigt durch Lebenserfahrung und die Überwindung vieler Rückschläge und ermöglicht daher in schwierigen Lebensfragen, ein reifes Urteil zu fällen.

Dies lässt den Schluss zu, dass ältere Menschen auch bei verminderten kognitiven Funktionen weise sein können. Viele kognitiven Funktionen wie Sprachgewandtheit, logisches Denken, Allgemeinwissen und räumliche Wahrnehmung verringern sich nicht nennenswert. Ältere Menschen können auf einen größeren Bestand an Wissen und Erfahrung zurückgreifen und dadurch komplexe Entscheidungen intuitiv treffen.

Der **Psychologe Louis John Cozolino** postuliert, dass weise Menschen eine größere Diversität der aktiven Hirnregionen, eine langsamere Informationsverarbeitung und eine Integration kognitiver und emotionaler Funktionen besitzen (Cozolino, L., 2010).

Gehirne älterer Menschen zeigen genau diese Veränderungen. Da betagte Menschen auf ein größeres Wissen zurückgreifen können und mehr Strategien für Problemlösungen entwickelt haben, liegt bei ihnen eine größere Diversität in der Nutzung der Hirnregionen vor. Beide Hirnhälften arbeiten bei ihnen stärker zusammen und sind aktiver, wodurch bessere Ergebnisse erzielt werden. Die langsamere Informationsverarbeitung kommt bei Senioren – wie wir wissen –ebenfalls zum Tragen.

Ältere Menschen haben gelernt, sowohl auf ihren Verstand als auch auf ihr Bauchgefühl zu hören. Folglich haben sie eine bessere Interaktion zwischen kognitiven und emotionalen Fähigkeiten ausgebildet.

Seien Sie daher ganz entspannt – eben weil Ihr Gehirn langsamer arbeitet, reagieren Sie auch vernünftiger!

Verlassen Sie sich auf Ihr Bauchgefühl und wecken dadurch Ihre kreativen Kräfte! So kommen Sie selbst bei komplexesten Entscheidungen zu guten Ergebnissen, die Sie mit Freude erfüllen.

Lehnen Sie sich ganz entspannt zurück und verlassen Sie sich darauf, dass Sie bei Entscheidungen weniger impulsiv und weniger risikobereit sind, da Sie beide Hirnhälften gemeinsam und aktiver nutzen!

Abbildung 22: Weisheit

Die Einflussfaktoren auf den Alterungsprozess unserer Seele

Faktor 10: Unsere innere Einstellung:

Optimismus, Pessimismus und Realismus

»Achte auf deine Gedanken, denn sie werden Worte.
Achte auf deine Worte, denn sie werden Handlungen.
Achte auf deine Handlungen, denn sie werden zu Gewohnheiten.
Achte auf deine Gewohnheiten, denn sie werden dein Charakter.
Achte auf deinen Charakter, denn er wird dein Schicksal.«
Jüdischer Talmud

Ist das Glas halb voll oder halb leer? Wer das Glas halb voll sieht, ist von Natur aus Optimist – wer es halb leer sieht, Pessimist. Die einen sehen das Gute, die anderen das Schlimmste. Doch was ist besser oder wer behält recht?

Eine Studie des Psychologen Winfried Rief von der Marburger Universität hat 124 Patienten vor einer Herzoperation untersucht und in drei Gruppen unterteilt. Die Erwartungsgruppe erhielt psychologische Unterstützung von einem Therapeuten, um die Erwartungen an die Wiederherstellung nach dem Eingriff zu erhöhen, wobei die eigenen Pläne nach der Operation besprochen wurden. Die Unterstützungsgruppe wurde auch therapeutisch unterstützt, doch die eigenen Erwartungen wurden hier nicht diskutiert. Die Kontrollgruppe erhielt keinerlei Unterstützung. Die Probanden, die selbst Pläne geschmiedet und positive Eingebungen für ihre Zukunft hatten, waren nach sechs Wochen körperlich aktiver und erfreuten sich einer besseren Lebensqualität als jene, die keine hoffnungsvollen Vorhaben ins Auge gefasst hatten (Rief, W. et al., 10. Januar 2017).

Natürlich lässt sich nicht jede Heilung mit positivem Denken verbessern und trotz Zuversicht wird nicht jedes Leiden behoben. Doch kennen wir alle den Umstand, dass zuversichtliches Handeln häufig zu einer selbsterfüllenden Prophezeiung wird, die neue Realitäten schaffen kann. Zuversicht schafft die Basis für Einstellungen und Verhaltensweisen, die sich positiv auf die Lebenszufriedenheit auswirken. Eine pessimistische Einstellung wie »da kann man nichts machen« zieht uns nur weiter Richtung Abgrund. Am Ende behalten somit sowohl der Optimist als auch der Pessimist recht. Beide werden durch ihre jeweilige Haltung und die sich daraus entstehende Entwicklung in ihrer Weltsicht bestätigt: »Wir kommen, wohin wir schauen.«

Unsere Welt beschert uns Unsicherheiten und Ungewissheiten. Wir können nicht vorhersehen, was kommen wird. Das Leben ist im Fluss. Daher neigen wir dazu, innezuhalten und zu überlegen, wohin sich der Strom bewegen wird – zum Positiven oder Negativen.

Wenn wir **optimistisch** sind, haben wir Hoffnung. Wir hoffen und glauben, dass bisherige schlechte Ereignisse nicht von Dauer sind und nur auf die jeweilige Situation zutreffen. Wir sind nicht hilflos ausgeliefert, sondern engagiert und bemüht, die Situation zu verbessern, anstatt aufzugeben. Wir verfügen über die Energie, ein neues Projekt in Angriff zu nehmen. Sind wir allerdings zu euphorisch und lassen uns in unrealistischer Weise von unseren Träumen und Wünschen zu sehr treiben, schätzen wir möglichweise die Risiken zu gering ein und steigern damit die Wahrscheinlichkeit des Scheiterns.

Der **realistische Optimist** denkt nüchtern und behält die negativen und positiven Aspekte im Blick. Er analysiert die Sachlage und bewertet sie auf Basis von Fakten. Chancen und Wahrscheinlichkeiten berechnet und berücksichtigt er. Der Realist glaubt an seine Zukunft, behält seinen Lebensmut und sein Körper aktiviert mehr Selbstheilungskräfte.

Der **Pessimist** hingegen rechnet mit dem Schlimmsten, auf jeden Fall aber mit einem negativen Ausgang. Notorische Pessimisten erkranken häufiger, ihre Regeneration nach Krankheiten ist verlangsamt und ihre Lebenserwartung ist verkürzt (Berliner Ärztezeitung, 2013).

Ich selbst bin ein leidenschaftlicher Mensch mit sonnigem Gemüt – eine Optimistin. Mein Leben lebe ich mit Hingabe, Begeisterungsfähigkeit, Abenteuerlust und Leidenschaft. Ich bin meist zuversichtlich gestimmt und entwickele immer wieder positive Zukunftsvorstellungen. Ich halte das Erhoffte für möglich, selbst wenn ich verzweifelt bin oder mir meine Leichtfüßigkeit zeitweilig abhandengekommen ist. Der französische **Philosoph Paul Ricœur** definiert Hoffnung als die »Leidenschaft für das Mögliche«. Diese Formulierung spricht mir aus der Seele. Hoffnung und Leidenschaft bewirken, dass ich mein Leben in die Hand nehme und gestalte. Ich vertraue in mich selbst, in andere und das Leben.

Bewahren Sie sich die »**Leidenschaft für das Mögliche**«, die Hoffnung, dass sich etwas zum Besseren hin verändern wird!

»Der Pessimist hat meistens recht,
der Optimist das schönere Leben.«
Bobby McFerrin

Stress, Gelassenheit und Resilienz

Manchmal fühle ich mich total gestresst – wie ein Hamster im Hamsterrad! Immer dieselbe nicht enden wollende Eintönigkeit und das Gefühl der Sinnlosigkeit bei extremer Hetze.

»Es gibt Wichtigeres im Leben,
als beständig dessen Geschwindigkeit zu erhöhen.«
Mahatma Gandhi

Die Welt hat sich technologisch weiterentwickelt, doch unsere Körper, unser Geist und unsere Seelen können häufig mit dieser Entwicklung nicht standhalten und reagieren noch genauso wie bei unseren Vorfahren. Tauchte ein Säbelzahntiger vor einem Steinzeitmenschen auf, hatte dieser drei Möglichkeiten: Kampf – Flucht – Starre. Unser sympathisches Nervengeflecht bereitet uns auch heute noch automatisch auf Kampf, Flucht oder Erstarren vor: »**Fight, Flight or Freeze.**«

Furcht ist eine Art evolutionärer Programmcode, der Mensch und Tier geholfen hat zu überleben. Heutzutage erhöht sich bei drohender Gefahr und Stress immer noch der Herzschlag, weitet sich die Lunge, wird die Verdauung eingestellt, die Muskeln spannen sich an und der Stoffwechsel wird auf Hochtouren angetrieben. Die Stresshormone Adrenalin, Noradrenalin und Kortison holen dann noch das Letzte aus unseren Organen heraus. Doch wir fliehen und kämpfen heute nicht mehr mit dem Säbelzahntiger – wir sitzen meist nur da, haben Schnappatmung oder beschweren uns lautstark, wenn wir gestresst sind. Wir rasten selten total aus und werden im Kampfmodus handgreiflich. Daraus folgt: Der Hormoncocktail im Körper wird dadurch nicht abgebaut. Das Alarmsystem ist weiterhin aktiv. Die Stresshormone können langfristig zu Reizdarm, Migräne, Tinnitus, Schwindel oder Herzrasen führen – wir werden krank, erleiden unter Umständen einen Burn-out!

Vieles, was wir Stress nennen, ist hingegen kein Stress, sondern nur Hektik und selbst gemacht – ein realistischer Zeitplan kann helfen, das Problem zu lösen. Schaffen wir es allerdings nicht mehr, unsere Aufgaben und unser Arbeitspensum unter einen Hut zu bringen, kommt ein Gefühl der Überforderung und Erschöpfung auf und es entsteht tatsächlich Stress.

Dieser **negative Stress** hat verhängnisvolle Folgen für unsere Alterung. Übermäßiger Stress entzieht uns Energie und nimmt uns die Lebensfreude. Wir haben Selbstzweifel, unsere Ängste nehmen zu und negative Denkmuster beherrschen uns. Wir leiden unter depressiven Verstimmungen bis hin zu ausgewachsenen Depressionen. Dann belohnen wir uns mit dem Griff in die Schublade voller Süßigkeiten, nehmen an Körpergewicht zu und werden zunehmend träge. Schulter und Nacken verkrampfen sich und schmerzen. Wir nehmen eine gebückte Körperhaltung mit gesenktem Kopf ein. Die ständige Anspannung erhöht den Augendruck und fördert den grünen Star. Unser Konsum von Alkohol, Tabletten, Rauchwaren oder anderen Drogen nimmt zu. Die Verdauung wird gehemmt und chronische Entzündungen entstehen – Zeit für das Überdenken der eigenen Situation! Schauen Sie in den Spiegel!

Was sind meine größten Baustellen? Was brauche ich? Was macht mich glücklich? Was bereitet mir Freude? Worauf möchte ich am Ende meines Lebens zurückblicken? Was sind meine Ansprüche an mein Leben?

Schon kleine Änderungen im Alltag können viel bewirken, um den Stress zu reduzieren. Sobald wir beginnen, unsere

Lebensumstände zu analysieren und besser zu kontrollieren, mehr Abwechslung in unser Leben zu bringen, reduziert sich unser Stresslevel ganz von allein.

In vielen Fällen braucht es einen deutlichen **Wandel im Lebensstil**. Ein realistisches Zeitmanagement ist meist der erste Schritt in Richtung Erfolg.

Das Ziel sollte – wie wir bereits wissen – **SMART** sein:

S wie spezifisch: Ihr Ziel sollte prägnant und glasklar definiert sein
M wie messbar: Ihr Ziel sollte objektiv messbar und überprüfbar sein
A wie ausführbar: Ihr Ziel sollte in kleine, erreichbare Zieletappen unterteilt sein
R wie realistisch: Ihr Ziel sollte unter den Gegebenheiten umsetzbar sein
T wie terminiert: Ihr Ziel sollte einen festgelegten Zeitrahmen haben

Befreien Sie sich von Zwängen und organisieren Sie sich neu! Entscheiden Sie selbst, was Sie in Eigenregie umsetzen – und vor allem – was nicht! **Delegieren Sie**, was möglich ist! Geben Sie Kontrolle ab und schenken damit anderen Menschen Ihr Vertrauen. Erlernen Sie die Fähigkeit des respektvollen Nein-Sagens! So gewinnen Sie Freiräume für sich!

Setzen Sie die gewonnene Zeit ein, um sie mit neuer Lebens-qualität zu füllen: Pflegen Sie Ihren Körper zu Hause, im Spa, gönnen Sie sich eine Massage oder eine Runde im Schwimm-bad, wandern Sie an der frischen Luft, gehen mit Kühen auf eine Alm, hören Musik, tanzen, kochen, besuchen die Oper, treffen sich mit Freunden, helfen bei einem Ehrenamt: Tun Sie, was immer auch Ihr Herz begehrt, Ihnen Freude bereitet und Sie zu weiteren Taten inspiriert. Beschenken Sie sich selbst! Werden Sie gelassener!

»Gott, gib mir die Gelassenheit,
Dinge hinzunehmen, die ich nicht ändern kann,
den Mut,
Dinge zu ändern, die ich ändern kann,
und die Weisheit,
das eine vom anderen zu unterscheiden.«
Reinhold Niebuhr

Ich selbst versetze mich bei meinen Überlegungen, was mir Freude bereiten könnte, häufig zurück in meine Kindheit – was habe ich als Kind gern getan und was ist in Vergessenheit geraten?

Schon immer habe ich mich gern in der Natur aufgehalten und die Hunde der Nachbarn ausgeführt – wieso nicht heute wieder? So schnappe ich mir die Hunde meiner Freunde oder Nachbarn und raus geht's! Ab auf die Wiese zum Spielen mit den Hunden. Hin und wieder gesellen sich Gleichgesinnte unerwartet und begeistert dazu, meist Kinder! Welch freudiges Zusammentreffen, welche Bereicherung, wieder am unbekümmerten Spiel mit Kind und Hund teilhaben zu können – sich in eine Blumenwiese fallen zu lassen, über aufgetürmte Grashügel zu hüpfen, gefolgt von einer Kinder- und Hundeschar, Zeit und Raum vergessend!

Abbildungen 23 und 24: Hundespaziergang als Kind und Erwachsener

Gelassenheit lässt sich erlernen! Wer sein Leben in Muße gestaltet, konzentriert sich bei der Wahrnehmung der Pflichtaufgaben des Alltags auf die Dinge, die tatsächlich wichtig sind, um in seiner Freizeit das zu tun, was ihm Freude bereitet. Sich über Angelegenheiten zu ärgern, die unabänderlich sind, kommt nur in seltensten Fällen infrage. Um dieses Ideal zu erreichen, gilt es, an sich zu arbeiten und ständig zu üben – Visionen und Ideen zuzulassen, um Pflicht und Muße in Balance zu halten.

Manche Menschen verfügen über eine starke innere Widerstandskraft, auch **Resilienz** genannt. Anscheinend behalten sie immer einen kühlen Kopf. Sie kann nahezu nichts aus der Ruhe bringen, geschweige denn einfach mal umhauen. Sie werden von Schicksalsschlägen nicht lahmgelegt, sondern bleiben lösungsorientiert. Woher stammt diese innere Kraft? Von Vorbildern können wir lernen, wie wir Probleme konstruktiv lösen oder aus positiven Erfahrungen mit eigenen Leistungen Kraft schöpfen. Ebenso kann uns das Gefühl der Kontrolle über unser Leben viel innere Kraft verleihen, aber auch, sich einer Sache unterzuordnen, die größer ist als das persönliche Schicksal.

»Die Kunst ist, einmal mehr aufzustehen,
als man umgeworfen wird.«
Winston Churchill

Reagieren Sie flexibler auf herausfordernde Situationen. Sobald Sie erkennen, dass für Sie eine Situation zu stressig wird, sprechen Sie laut und deutlich »STOP« aus und betrachten die Problematik ohne Zeitdruck von möglichst vielen Seiten. Entscheiden

Sie sich erst dann, ob Sie sich der Situation überhaupt aussetzen wollen oder müssen.

Durchleben Sie die Höhen und Tiefen des Lebens mit **mehr Akzeptanz**! Seien Sie **schneller wieder zentriert**, wenn Sie Ihre Mitte verloren haben! Aus eigener Erfahrung kann ich sagen: Es hilft!

Emotionen

Hin und wieder sind meine **Gefühle** so stark, dass sie mein Denken außer Kraft setzen. »Kopflos«, ohne Hirn und Verstand, schreite ich in einer Art Kurzschlusshandlung voreilig zur Tat, ohne irgendwelche Lösungsansätze und die resultierenden Konsequenzen vorher durchdacht zu haben. Es wird ein Prozess eingeleitet – eine **Emotion** entsteht. »E-motion« bedeutet ein Impuls in Richtung Aktion. Jedes Gefühl ist ein Teil unserer inneren Ressourcen und bewegt etwas in uns. Unsere gesamte Gefühlswelt besteht aus allen Empfindungen, die wir zu spüren imstande sind.

Als ich erstmals und dann nie wieder eine Auster probiert habe, schmeckte sie mir nicht, und ich empfand Ekel. Die körperlichen Reaktionen waren ein Verziehen der Mundwinkel und Würgereiz. Der eingetretene Denkprozess war das Erinnern an eine schleimige Konsistenz und danach die bis heute anhaltende Aversion gegen Austern.

Emotionen können sowohl zu körperlichen Reaktionen wie Herzrasen, Schwitzen, Schreien, Weinen oder Ähnlichem führen als auch zu Denkprozessen: etwa wenn wir etwas miteinander vergleichen, wenn wir ein bestimmtes Verhalten und eine Situation interpretieren oder wenn wir Entscheidungen treffen. Hierbei wird unser Verhalten durch Gefühle gesteuert und unsere Seele erhält eine Prägung.

Emotionen sind verhaltenssteuernd, als Muskelaktivität spürbar, im limbischen System verortet und variieren in ihrer Ausprägung. Auch sind sie bewusst wahrnehmbar und können somit beeinflusst und in Maßen gesteuert werden. Wir müssen nicht in unseren Emotionen stecken bleiben! Durch Bewusstmachung lässt sich der Umgang mit Gefühlen besser regulieren.

Wir kennen das harmlose Spiel zwischen guter und schlechter Laune. Die gute Laune ist beglückend und wichtig. Sie führt Menschen zusammen. Die schlechte Laune hat den gleichen Stellenwert und ist ebenso wichtig. Sie distanziert uns von Menschen und schafft Raum dafür, dass wir uns wiederfinden, wenn wir unser Gleichgewicht verloren haben. Gefühle empfinden wir, ob es uns gefällt oder nicht. Sie existieren unabhängig vom eigenen Willen. Die Polarität des Lebens und die Spannweite der Gefühle wird bewahrt. Doch selbst wenn wir nicht Herr über unsere Gefühle sind, so können wir doch bestimmen, was wir daraus machen.

Erst wenn wir bereit sind, die Reichhaltigkeit und Gegensätzlichkeit der Gefühle zu akzeptieren, wächst in uns die Selbstfreundschaft.

Woher wüsste ich, was Unbeschwertheit ist, wenn ich keinen Ärger kennen würde? Was wäre Freude ohne Traurigkeit, was Sanftmut ohne Wut? Auch schlechte Gefühle tragen zur Fülle des Lebens bei. Auf Wut kann Versöhnung folgen, wenn wir uns bemühen. Doch wie lassen sich unsere **negativen Gefühle** abschwächen, wenn sie zerstörerisch für uns selbst oder andere zu werden drohen? Wenn wir »getriggert« werden, jemand unseren wunden Punkt trifft, sendet uns die Amygdala ein neuronales Signal, und wir reagieren mit Angriff, Flucht oder Starre.

Es wird ein Adrenalinschub ausgelöst. Geben Sie Ihrem Körper eine Chance, sich von dieser ersten Reaktion zu erholen. Atmen Sie tief durch und gönnen sich eine kurze Pause! Finden Sie eine Möglichkeit, das ausgeschüttete Adrenalin wieder abzubauen, die Energie wieder abflauen zu lassen: Bringen Sie Ihre Gefühle zur Sprache, schreiben Sie sie nieder, bringen Sie sie in Form eines gemalten Bildes zu Papier, lassen Sie Musik ertönen, um ihnen Ausdruck zu gewähren und suchen Sie das Gespräch mit Freunden.

Und wie lassen sich unsere **positiven Gefühle** stärken? Suchen Sie Begegnungen, die diese Gefühle anregen. Nutzen Sie die Vorfreude auf eine Verabredung, den Besuch eines Kinos, einer Lesung, eines Theaters oder eines Konzerts! Pflegen Sie Beziehungen. Ich selbst ziehe aus diesen Zusammenkünften immer wieder Kraft und Lebensfreude.

Machen Sie sich Ihre Gefühle verantwortungsvoll zu eigen! Nutzen Sie Ihre Ressourcen als inneres Werkzeug. Mit ein und demselben Gegenstand können wir hilfreiche Dinge tun, aber auch Zerstörerisches anrichten. Wir können einen Stock als Gehhilfe reichen, ihn aber auch als Waffe benutzen – ein und dasselbe Werkzeug! Das Ziel ist ein persönliches, die Absicht entscheidend. Immer wieder gilt es, Entscheidungen zu treffen, wie Sie Ihre Gefühle verarbeiten. Gute Entscheidungen werden Sie als Balsam für die Seele empfinden.

Abgesehen von unserer genetischen Disposition sind es unser Gedankengut und unser Gefühlsleben, die uns im Laufe des Lebens prägen und darüber entscheiden, welche Spuren und welches Lebenswerk wir einst hinterlassen. Anders als Gefühle ermöglichen Gedanken, unsere Seele zu beobachten, zu beurteilen und in den Formen ihres Ausdrucks auch zu beeinflussen. Wir können wahrnehmen, was in unserem Körper und in unserem

Geist vorgeht, und Orientierung finden, die aus unserem Erleben in der Auseinandersetzung mit uns selbst, mit anderen und mit unserem Umfeld stammt. Dadurch ist es uns möglich, mit unserem Körper und uns selbst vernünftig umzugehen.

Der Ausdruck von Gefühlen ist kulturell, familiär und geschlechterspezifisch geprägt. So gibt es die eher »kühlen« Menschen aus dem Norden und die »sonnigen« aus dem Süden, individuelle Unterschiede in den Persönlichkeitscharakteristika, und es gibt »kontrollierte« Männer und »emotionale« Frauen.

Gelingt es uns, unsere Emotionen, die unsere Handlungen beeinflussen, bewusst auf unsere Gefühle zurückzuführen, haben wir erkannt, dass wir uns in einer Situation befinden, die uns fordert und lehrt, auch mit Schwierigkeiten umzugehen. Ältere Menschen haben das meist im Laufe ihres Lebens gelernt, und es scheint ihnen daher besser zu gelingen als jüngeren.

Das Leben wird leichter, wenn wir eine freundschaftliche Beziehung zu uns selbst pflegen – wenn wir besser mit uns selbst umgehen und damit auch umgänglicher und empathischer für unsere Mitmenschen werden.

Die Liebe ist hierbei eine besonders wertvolle Ressource, um in uns den Wunsch zu wecken, diesen Weg zu gehen.

Lebensplanung

Wir sollten unsere Lebensplanung nicht dem Zufall überlassen, wollen wir zufrieden und glücklich ein hohes Alter erreichen. Sind wir uns selbstbestimmt unseres eigenen Schicksals bewusst und ergreifen entsprechende Maßnahmen, garantiert uns dies noch kein langes und gesundes Leben, aber es erhöht die Wahrscheinlichkeit erheblich.

Menschen, die beispielsweise in ihrem Alltag Verantwortung anderen gegenüber tragen, leben deutlich länger. Ob später in Rente zu gehen oder sich ehrenamtlich zu engagieren – länger aktiv zu bleiben, verlängert das Leben (Wu, C. et al., 2015).

Möchten wir ein hohes Alter erreichen, stellt sich die Frage, ob wir noch länger unbeschwert leben können oder ob uns in Kürze finanzielle, körperliche und geistige Einschränkungen treffen. Daher ist es sinnvoll, eine Bestandsaufnahme der aktuellen Situation vorzunehmen und zukünftige Wünsche und Ideen mit den vorgegebenen Rahmenbedingen in Einklang zu bringen. Es ist sinnvoll, sich rechtzeitig mit seiner Lebensplanung auseinanderzusetzen.

Der Psychotherapeut und -analytiker Wolfgang Schmidbauer sagt zur Lebensplanung im »Zeit Magazin« (Nr. 22/2021): »Ich empfehle, sich schon mit 50 darüber Gedanken zu machen, wie das Leben mit 70 aussehen soll. Man kann sich gut vom Älterwerden ablenken, indem man weiterarbeitet. Man wird dafür geschätzt, was man gut kann, im Job bekommt man dafür die Bestätigung anderer.«

Wenn diese Anerkennung von einem auf den anderen Tag entfällt, können wir in eine Depression verfallen. Deshalb bedarf es rechtzeitiger Planung des Ruhestandes. Was sollten wir mit Blick in die Zukunft im Auge behalten? Unsere verbleibenden Arbeitstage, unsere verbleibende Kaufkraft, unseren verbleibenden Elan, Hobbys und Leidenschaften, unsere geistige und körperliche Fitness und last but not least unsere Liebesbeziehung.

Mit 50 haben wir noch rund 4.000 Arbeitstage vor uns, sodass wir überlegen sollten, ob uns unsere Arbeit Freude bereitet oder uns unglücklich macht. Wollen wir die Zeit absitzen oder wagen wir einen Wechsel?

Welche finanziellen Mittel stehen uns im Ruhestand zur Verfügung, um unsere Grundbedürfnisse abzudecken? Welcher

Betrag bleibt, um unseren Hobbys, Reisen, Kulturvorlieben zu frönen? Sollten wir innovativ neue Schwerpunkte unserer Interessen setzen, um das zukünftige Setting von mehr Zeit und möglicherweise weniger Geld kreativ zu nutzen? Der vorzeitige Gang zum Rentenversicherungsträger und Finanzberater kann helfen, uns Klarheit und Planungssicherheit zu verschaffen.

Was können wir tun, um vital zu bleiben? Das haben wir schon ausführlich besprochen: Bewegung, gesunde Ernährung, Achtsamkeit bezüglich unseres Körpers, Geistes und unserer Seele.

Als Antriebskraft für ein aktives Leben gelten alle Leidenschaften und Hobbys, das Musizieren, Malen, der Sport, Kultur, die Gartenarbeit und vieles mehr. Ohne entsprechende Planung und Vorbereitung, ohne Kreativität und Vorstellungskraft werden die Möglichkeiten reduziert, die uns das Leben bietet – ganz gleich in welchem Alter.

Wie wir bereits wissen, ist die geistige Fitness für unsere Unabhängigkeit von großer Bedeutung, und wir sollten uns diese Fähigkeiten bis ins hohe Alter erhalten.

Und wie sieht es mit der Liebe aus?

Mit 50 haben wir noch rund 30 bis 40 Jahre Beziehung vor uns, das sind rund 13.000 Tage oder auch mehr. Wie ist unsere Beziehung? Ist sie eingefroren oder erwärmend? Bedenken wir, dass wir nur **ein einziges** Leben haben, sollten wir die richtige Entscheidung für ein erfülltes Leben jetzt treffen. Hierbei ist der Respekt vor der Realität und der Blick auf den verbleibenden Zeithorizont ein guter Verbündeter.

Eine gute Lebensplanung vergleicht Ihre aktuelle Situation mit Ihrer Wunschsituation, sucht Mittel und Wege, sich diesem Ziel anzunähern oder auch Kompromisse zu schließen. Was meiner Meinung nach wirklich zählt im Leben, ist, Erfüllung zu finden. Wir finden Erfüllung in allem, was uns ausfüllt, worin wir einen Sinn sehen, was uns zutiefst befriedigt.

Ich selbst finde Erfüllung darin, das gesamte Spannungsfeld meines irdischen Daseins zu erleben. Ich möchte die Fülle des Lebens mithilfe der Liebe – der Liebe zum Leben, zur Natur, zu Mensch und Tier, zu einer Aufgabe, einer Tätigkeit, zu Kultur, Musik und anderen Künsten und der Liebe zu mir selbst, der Selbstfreundschaft – in Erfahrung bringen. Ich versuche gemäß meinen Fähigkeiten und nach meinen – meiner Meinung nach – besten Möglichkeiten zu leben, die mir zur Verfügung stehen.

Vergangenheit, Gegenwart und Zukunft

»Wer ewig nur im Alten kramt, macht nie die Tür zu Neuem auf.«
Ralf Trompter

Obgleich wir die Vergangenheit nicht ändern können, kramen wir gern darin herum und verbringen viel Zeit damit, sie zu verstehen und zu hinterfragen oder auch sie anzuklagen. Es steht außer Frage, dass wir unsere Vergangenheit bewältigen sollten. Wir sollten unsere Herkunft und Entwicklung und uns selbst akzeptieren. Ohne den Blick nach vorn zu richten, kostet ein jahrelanges Hinterfragen und Aufwühlen nur Kraft. Unsere Aufgabe besteht darin, uns Fehler zu verzeihen – kein Mensch ist fehlerfrei oder kennen Sie einen einzigen Menschen ohne Fehler? Ich kenne keinen. Diese Erkenntnis lässt uns milder über andere und uns selbst urteilen. Sich in einem Gedankenkarussell der Vergangenheit zu bewegen, lässt uns die Gegenwart versäumen.

Nur gelegentlich werden wir aus unseren Gedanken gerissen,

etwa wenn ein naher Verwandter krank wird oder stirbt. Dann wird uns bewusst, dass wir uns viel zu lange und zu häufig sorgenvolle Gedanken um das Vergangene oder auch um das Künftige gemacht haben. Manchmal ertappen wir uns dabei, wie klein und nichtig unsere Probleme sind und vielleicht bedauern wir, das Hier und Jetzt vernachlässigt zu haben. Wir erkennen die Bedeutung unseres Zeitfensters wieder, begreifen, wie wichtig es ist, den Moment wahrzunehmen und zu genießen. Das Leben findet **jetzt** statt, genau in diesem Moment, und ist auch nur in diesem Moment beeinflussbar.

Mein eigener Großvater sah seine Arbeit als große Belastung an und fieberte auf seinen Ruhestand hin. Er sagte häufig: »Eines Tages werde ich Zeit haben und verreisen« – er starb nach 3 Monaten Ruhestand an einem Herzinfarkt im Alter von 66 Jahren. Streichen Sie die Worte »irgendwann« und »eines Tages« aus Ihrem Wortschatz. Stellen Sie keine zu hohen Ansprüche an sich und glauben Sie nicht, sich erst etwas gönnen zu können, wenn alles perfekt erledigt ist. Akzeptieren Sie den Augenblick so, wie er ist. Gönnen Sie sich das Recht auf eine Pause und verschieben Sie die Erfüllung Ihrer Träume nicht auf später. Bewahren Sie Dinge, die Ihnen wichtig und teuer sind, nicht für einen besonderen Anlass auf, sondern nutzen Sie sie jetzt.

Verzeihen Sie den Menschen, die Ihnen irgendwann einmal etwas angetan haben und tragen Sie es ihnen nicht nach – die Bürde lastet auf **Ihren** Schultern. Sagen Sie den Menschen in Ihrem Umfeld jetzt und nicht später etwas Nettes und zeigen Sie diesen Ihre Liebe. Bedanken Sie sich häufiger einmal bei den Menschen, die Ihnen etwas Gutes getan haben. Warten Sie nicht, bis Sie hierzu keine Gelegenheit mehr haben.

Öffnen Sie die Tür für Neues, für neue beglückende Erfahrungen. Am besten Sie machen es wie ich und führen ein **»Dankbarkeitstagebuch«** für die Nacht. Meines liegt neben meinem Bett, und ich versuche, drei positive Erlebnisse des Tages darin zu notieren, für die ich dankbar bin, zum Beispiel die Begegnung mit der netten Dame, die mir, mit wenig Lebensmitteln in der Hand, an der Kasse des Supermarktes den Vortritt gelassen hat, oder die Begegnung mit dem freundlichen Herrn, der mich in die Autoschlange hat einfädeln lassen. Auch die Dame am Marktstand, die mir noch einen Apfel zum Einkauf geschenkt hat, das Kind, das auf mich zukam und mir unerwartet eine Wiesenblume überreicht hat und vieles mehr.

Werden Sie sich der positiven Anteile im Leben bewusst und schulen Sie Ihre Aufmerksamkeit für die Gegenwart. Schlafen Sie mit solchen positiven Gedanken, Gefühlen und Eindrücken vom Tag ein. Und es ist vollkommen in Ordnung, wenn der Tag einmal nicht so gut verläuft oder Sie das Tagebuch vergessen haben. Es zählt die Achtsamkeit und das Bewusstsein für die beglückenden Seiten des Lebens.

Abbildung 25: Zeit für neue Erfahrungen

Faktor 11: Unsere Lebensführung

Biorhythmus

Wie ich bereits erwähnt habe, bin ich eine Frühaufsteherin. Abends ist mit mir nicht viel anzufangen. Zu später Stunde kämpfe ich mit dem Schlaf und schiele nach dem Bettzipfel. Aber in den frühen Morgenstunden könnte ich Bäume ausreißen, fühle mich wie neugeboren und energiegeladen, wenn der eine oder andere noch tief und fest schlummert. In diesen sehr frühen Stunden, häufig noch in der Dunkelheit, habe ich mich immer auf Prüfungen vorbereitet – in der absoluten Stille des Morgengrauens. Heutzutage treibe ich zu dieser Zeit meist Sport.

Die inneren Uhren ticken von Mensch zu Mensch leicht unterschiedlich und bestimmen unseren Alltag. Wenn wir uns an unseren angeborenen, kaum veränderbaren Biorhythmus halten, steigern wir unser Wohlbefinden und unsere Produktivität.

Das Gen »BMAL 1«, welches maßgeblich unseren Tag-Nacht-Rhythmus steuert, ist auch für den Alterungsprozess mitverantwortlich. Die Wissenschaftler vom Lerner Research Institute in Cleveland, Ohio entfernten dieses Gen bei Mäusen. Deren innere Uhr kam durcheinander und sie alterten schneller. Dieses Gen schützt vor freien Radikalen. Die Organe der Mäuse schrumpften, ihr Fell wurde dünner, sie verloren an Gewicht und bekamen altersbedingte Augenerkrankungen (Khapre, R. V. et al., 2014).

Je mehr wir unsere innere Uhr missachten, umso mehr Krankheiten und sozialen Konflikten sind wir ausgeliefert, umso häufiger kommt es zu Unfällen. Fast jede Körperfunktion pulsiert im eigenen Biorhythmus. Die Missachtung der von der Evolution vorgegebenen Rhythmen ist einer der wichtigsten Krankheitstreiber unserer Gesellschaft.

Finden Sie heraus, welchem Biorhythmus Sie unterliegen und folgen Sie diesem. Planen Sie Ihren Tag bewusster nach Ihrer inneren Uhr. Gönnen Sie sich Ruhepausen.

Schlaf und Gewohnheiten

Ganz gleich ob Sie zu den Lerchen oder Eulen gehören, ist ein biphasischer Schlaf sinnvoll. Wenn Sie die Möglichkeit haben, einen »Powernap« in Ihren Tagesplan einzubauen, tun Sie es! Ein kurzer Mittagsschlaf kommt unserem natürlichen Schlafverhalten am nächsten. Erst mit der industriellen Revolution begann die Menschheit, nur einmal am Tag zu schlafen. Zuvor nutzte man zusätzlich den Mittagsschlaf zur Regeneration. In südlichen Ländern wird in der sommerlichen Mittagshitze nicht gearbeitet, sondern geschlafen. In den kühleren Abendstunden wird dann alles erledigt, was liegen geblieben ist und spät abends zu Bett gegangen.

Ob monophasischer oder biphasischer Schlaf, sieben bis acht Stunden Schlaf sollten im Normalfall in der Summe geruht werden, um leistungsfähig zu bleiben. Wann und wie viel Schlaf wir benötigen, ist größtenteils genetisch bestimmt.

Fünf Stunden Schlaf gelten als absolutes Minimum, sonst drohen gesundheitliche Folgen. So kündigt laut einer Langzeitstudie Schlafmangel in mittlerem Alter späteres Demenzrisiko an (Sabia, S. et al., 2021). Seit Mitte der 1980er-Jahre wurden 7.959 britische Staatsangestellte regelmäßig zu ihrer Schlafdauer und ihrem Schlafverhalten befragt und auch medizinisch untersucht. 2012 bis 2013 wurden 4.267 Teilnehmer gebeten, neun Tage lang einen Akzelerometer zu tragen, der die Körperbewegungen aufzeichnete. Damit konnten die Angaben in den Fragebögen analysiert und objektiviert werden. Die Wissenschaftler haben die Daten aus den Akzelerometern mit den späteren Demenz-diagnosen in Verbindung gesetzt. Die Teilnehmer waren zu Beginn der Studie zwischen 35 und 55 Jahre und am Ende zwischen 63 bis 86 Jahre alt. In dieser Zeit wurde bei 521 Teilnehmern eine Demenz festgestellt. Die Angestellten, die im Alter von 50 Jahren eine Schlafdauer von weniger als 6 Stunden angegeben hatten, waren zu 22 Prozent häufiger erkrankt und diejenigen im Alter von 60 Jahren mit weniger als 6 Stunden Schlaf zu 37 Prozent. Im Alter von 70 Jahren erhöhte der Kurzschlaf das Risiko um 24 Prozent. Es ist wichtig zu wissen, dass konkurrierende Faktoren wie Rauchen, Alkoholkonsum, Bluthochdruck, Diabetes und weitere Faktoren berücksichtigt wurden, die das Demenzrisiko beeinflussen könnten.

Wenn wir weniger schlafen, machen wir auch mehr Fehler – das Unfallrisiko steigt! Zu viel schlafen sollten wir allerdings auch nicht! Auch hier drohen Folgen – bis hin zum Tod. Personen unter 65 Jahren, die länger als 9 Stunden pro Nacht schlafen, sterben häufiger vor deren durchschnittlicher Lebenserwartung (Tobjörn, Åkerstedt et al., 2019). Wer zu wenig schläft, gerät in den »Flight-Fight-or-Freeze-modus«, der zu einer Dauerbelastung für Körper, Geist und Seele wird. Medizinisch wird dies »Allgemeines Anpassungssyndrom« genannt. Unser Körper versucht, auszugleichen, doch bei anhaltendem Stresspegel folgt ein Ermüdungszustand. Wir sind nicht mehr in der Lage, uns zu konzentrieren, legen an Gewicht zu und werden krank. Unser Immunsystem leidet, die Killerzellen und Botenstoffe werden gestört.

Noch ein paar Schlaftipps zum Schluss:

1. Kaufen Sie sich beim Fachhändler eine für Sie geeignete Matratze. Diese berücksichtigt Ihr Gewicht, Ihre Größe und Ihre Vorlieben. Lassen Sie sich beraten.
2. Gönnen Sie sich täglich einen Powernap, einen Mittagsschlaf von ca. 20 Minuten.
3. Schlafen Sie kühl bei ca. 19 Grad Celsius.
4. Sorgen Sie für Stille. Geräusche sind Reize, die Regeneration hemmen.
5. Lüften Sie vor dem Schlafengehen oder lassen das Fenster gekippt.
6. Dunkeln Sie Ihr Schlafzimmer ab. Dies steuert unseren Schlaf-Wach-Rhythmus.
7. Achten Sie auf Ihren Biorhythmus, Ihr individuelles Schlafbedürfnis.
8. Verbannen Sie elektronische Geräte aus Ihrem Schlafzimmer. Die Strahlung hemmt den Schlaf, das künstliche Licht lässt Sie nicht zur Ruhe kommen.

Abbildung 26: Schlaftipps

Atmung und Entspannung

Kurze Pausen im Tagesablauf sind mit zunehmendem Alter eine wunderbare Gelegenheit zu entspannen und den Akku wiederaufzuladen. Ich praktiziere dies regelmäßig. Dazu lege ich eine Ruhepause mit duftend heißem Tee oder Kaffee ein, mache einen Spaziergang in der Natur an der frischen Luft, telefoniere mit Freunden und meiner Familie, kuschle mich mit einer flauschigen Decke in meinen Lesesessel und schmökere in einem Buch, lausche einem Hörbuch, Musik oder stricke, lege mich auf meine Yogamatte und massiere mit einer Faszienrolle meinen Körper, mache Entspannungsübungen, meditiere oder hänge einfach nur meinen Tagträumen nach genehmige mir ein kleines Nickerchen.

In einer Beobachtungsstudie mit 2.564 Menschen über 65 Jahren wiesen diejenigen, die ein Nickerchen machten, eine bessere Gesundheit auf und alterten erfolgreicher (Foscolou, A. et al., 2019).

Ich genieße jede Art von Verschnaufpause. Wichtig ist nur, dass ich das, was ich während der Pause tue, auch gerne tue. Dieser Zusammenhang konnte nachgewiesen werden (Sonnentag, S. et al., 2017).

Eine weitere Möglichkeit des Entspannens bietet tiefes Durchatmen. Mehr als 20.000 Atemzüge pro Tag versorgen unseren Körper mit Sauerstoff und entsorgen Kohlendioxid aus unserem Körper ohne unser aktives Zutun rund um die Uhr.

Alle unsere Organe verändern sich mit zunehmendem Alter und ihre Leistungsfähigkeit nimmt ab. So wird auch unsere Atemmuskulatur schwächer und wir können nicht mehr so tief einatmen wie früher als jüngerer Mensch. Dieser Prozess findet schleichend statt; wir bemerken erst mit der Zeit, dass uns bei körperlicher Arbeit, schweißtreibenden Tätigkeiten oder häufig schon beim Treppensteigen die Luft ausgeht.

Wir können aber sowohl mithilfe von Bewegung und Sport als auch bewusster Übungen unsere Atmung verbessern. Wie atmen wir denn überhaupt richtig? Oder wie können wir besser ein- und ausatmen?

Gewöhnlicherweise kombinieren wir zwei Arten der Atmung. Bei der **Brustatmung** hebt und senkt sich der Brustraum; bei der **Bauchatmung** können wir zusehen, wie sich unser Bauch vorwölbt. Unsere Atemmuskulatur sorgt in beiden Fällen dafür, dass sich unsere Lunge mit Atemluft füllen kann. Die Lunge selbst ist kein Muskel und kann sich nicht selbstständig weiten oder zusammenziehen. Wenn sich der Brustkorb weitet, entsteht ein Unterdruck in der Lunge und die Atemluft wird angesaugt. Da sich gleichzeitig das Zwerchfell zusammenzieht, werden die Organe des Bauchraums nach unten gedrückt. Es entsteht mehr Raum für die Lunge. Beim Ausatmen löst sich die Muskelanspannung der Atemmuskulatur wieder und die Luft wird herausgepresst.

Unsere Atmung und unsere Gefühlswelt hängen unmittelbar zusammen. Belgische und kanadische Wissenschaftler ließen Probanden ein bestimmtes Gefühl heraufbeschwören, zum Beispiel Freude, Ärger, Angst oder Trauer. Anschließend wurden die entsprechenden Atemmuster analysiert. In einem zweiten Versuch wurden diese Atemmuster dann ausgeführt, um den Einfluss von Herzschlag und Körpergefühl zu analysieren. Es ließ sich ein Rückkopplungseffekt nachweisen. Die ausgeführten Atemmuster veränderten die Gefühlslage der Probanden adäquat der entsprechenden Emotion (Phillippot, P., 2002).

Im Buddhismus, Hinduismus, in der Traditionellen Chinesischen Medizin und im Yoga werden Atemübungen schon sehr lange als Kraftquelle und heilende Anwendung geschätzt. Unsere westliche Medizin hat sich mit »Mindfulness-Based Stress Reduction (MBSR) und »Mindfulness-Based Cognitive Therapy« (MBCT) diesen Therapien angenähert.

Spezielle Atemtechniken können Kräfte freisetzen und Leistungen verbessern. Wie wir ein- und ausatmen hat Einfluss auf unser Wohlbefinden und unsere Alterung. Wir üben uns beim Atmen im Innehalten und Entschleunigen.

Ich empfehle Ihnen **Wechselatmen** als sinnvolle Entspannungsübung. Atmen Sie hierzu einige Minuten durch das eine oder das andere Nasenloch ein und aus. Halten Sie ein Nasenloch mit einem Finger zu, atmen durch das andere Nasenloch ein und halten kurz die Luft an. Dann wechseln Sie immer nach dem Einatmen den Finger.

Linkes Nasenloch verschließen – rechts einatmen – Pause und Fingerwechsel – links ausatmen – Pause und Fingerwechsel – rechts ausatmen – Pause – rechts einatmen ...

Hierbei entschleunigt man die Atemfrequenz. Diese Übung verlangsamt die Atmung und wir fokussieren uns auf die Atmung. Durch die Verlangsamung der Atmung wird das parasympathische Nervensystem aktiviert. Es ist für Ruhe und Entspannungsreaktionen zuständig. Das Wechselatmen führt dabei zum Absinken des Blutdrucks und der Herzfrequenz.

Generell empfehle ich Ihnen, häufiger einmal im Tagesverlauf **tief durchzuatmen**. Dabei geben Sie Stoffwechselprodukte an Ihre Umgebung zurück und unterstützen Ihren Körper bei seiner Entgiftung. Bewegen Sie sich hierzu regelmäßig an der frischen Luft. Das kurbelt Ihre Sauerstoffversorgung und im Übrigen auch Ihren Fettstoffwechsel an.

Gewöhnen Sie sich die **Bauchatmung** wieder an. Wenn Sie viel sitzen, stehen Sie ab und zu auf und achten auf eine aufrechte

Körperhaltung, sodass Ihr Bauchraum genügend Platz zum ausreichenden Luftholen hat.

Steuern Sie gegen hektisches Atmen an, wenn Sie in eine Stresssituation geraten, um sich aus der inneren Verkrampfung zu lösen und ihr in einer entspannten Körperhaltung begegnen zu können. Integrieren Sie hierzu regelmäßige Atemübungen in Ihren Tagesablauf. Es werden auch zahlreiche Apps für das Atmen angeboten.

»Ich atme ein und komme zur Ruhe.
Ich atme aus und lächle.
Heimgekehrt in das Jetzt, wird
dieser Moment ein Wunder.«
Thích Nhát Hanh

Visionen und Träume

»In zwanzig Jahren wirst du mehr über die Dinge enttäuscht sein,
die du nicht getan hast, als über die, die du getan hast.
Also wirf die Bugleinen ab. Segle weg vom sicheren Hafen.
Fange die Passatwinde in deinen Segeln ein.
Erforsche, Träume, Entdecke.«
Mark Twain

Immer wenn ich mich mit meinen älteren Patienten über das Alter unterhalten habe und das, was sie im Nachhinein ändern würden, wären sie noch dazu in der Lage, hinterließ dies eine tiefe Erkenntnis in mir. Meine hochbetagten Patienten gaben meist an, sie bereuten, zu wenig Risiko eingegangen und ihre Träume nicht verwirklicht zu haben. Diese Trauer um verpasste Gelegenheiten hat in mir den großen Wunsch, schon fast den Drang zur Einhaltung und Verwirklichung meiner eigenen Träume hinterlassen.

Ich bin der festen Überzeugung, dass wir fast in jeder Situation über aktive Optionen verfügen. Wir sollten nur den ersten Schritt wagen und unsere Träume anpeilen. Allein dadurch erhöhen wir die Chancen auf Erfüllung. Schon das Nachdenken darüber verändert Realitäten, und dann ist es nicht mehr weit bis zum Handeln. Handeln trägt die Macht der Veränderung in sich. Sie wandelt Schwäche in Stärke und Antriebslosigkeit in Fortschritt.

Welche unerfüllten Visionen und Träume verbergen sich noch in Ihrem Innersten und warten darauf, ans Tageslicht zu kommen? Für welche Aktivitäten möchten Sie sich begeistern? Welche Talente und Fähigkeiten schlummern in Ihnen?

Es gibt nichts Stärkeres, um Ihrem Leben eine Richtung und einen Sinn zu geben, als einen starken Lebenstraum, der Sie erfüllt. Um Ihre Begeisterung für eine Sache zu finden, braucht es häufig eine Phase des Ausprobierens und Experimentierens. Es braucht wilde, unperfekte, leicht verrückte Phasen, damit etwas Neues entstehen kann. Investieren Sie in eine intensive Beschäftigung mit einem neuen Thema, mit Weiterbildung, Lesen inspirierender Bücher und Zuhilfenahme von Experten zu dem neuen Thema. Ein Austausch mit einer geschulten oder einfach nur befreundeten Person über den angedachten Weg bringt Klarheit in den eigenen Entwicklungsprozess und versetzt manchmal Berge. Finden Sie Freude am Entwickeln neuer Fähigkeiten und Entdecken neuer Lebensräume. Verbringen Sie immer wieder

Zeit in der Natur, in der Stille, um wieder in Kontakt mit Ihrer inneren Stimme zu kommen.

Bleiben Sie auf der Suche.

»Kein Wind ist demjenigen günstig,
der nicht weiß, wohin er segeln will.«
Michel de Montaigne

Auch heute stecken in mir noch einige unverwirklichte Visionen, die auf ihre Umsetzung warten – ich bleibe dran!

1. Eine Alpenüberquerung – darüber habe ich bereits geschrieben. Mit dem Fahrrad von Stuttgart nach Garmisch-Partenkirchen, zu Fuß nach Meran, mit dem Kanu die Etsch entlang zum Adriatischen Meer, zum Abschluss ein Segeltörn.
2. Die Bewirtschaftung einer Alpe
3. Einen Ironman (möglichst auf Hawaii) absolvieren
4. Eine mobile Zahnarzteinheit für Bedürftige aufbauen

Einige Jahre hatte ich die Vision, als Zahnärztin ohne Grenzen ehrenamtlich tätig zu werden. Als ich dies dann umsetzte, war es eine unglaubliche Bereicherung für mein Leben. Ich kann nur jedem Menschen raten, einmal etwas Außergewöhnliches zu tun.

Aktuell ist das Schreiben dieses Buches eines der Dinge, die ich mir für meine Rentenzeit auf meine Bucketlist geschrieben habe – und es erfüllt mich mit großer Freude, neuen Erfahrungen und spannenden Erkenntnissen.

Ich wünsche Ihnen, dass auch Sie dieses Gefühl erleben dürfen!

Faktor 12: Unser Aussehen

Selbstwahrnehmung und Selbstfreundschaft

Sehr häufig werde ich für jünger gehalten, als ich tatsächlich bin. Ich erhalte Komplimente für mein jugendliches Aussehen und freue mich dann über die Tatsache, dass ich diesen Eindruck hinterlasse. Meist folgen die Fragen: »Das hören Sie ja bestimmt häufiger, oder? Was ist denn Ihr Geheimrezept?«

Ich muss gestehen, dass mir diese anmerkenden, weiterführenden Fragen unangenehm sind. Lange Zeit wusste ich nicht, warum sie mir unangenehm sind und habe sie für mich hinterfragt. Mittlerweile denke ich, das liegt daran, dass Komplimente meist Wertschätzung und Sympathie zum Ausdruck bringen und ich stelle mir die Frage, ob mein Aussehen nicht naturgegeben ist und weniger mein Verdienst. Es ist mir peinlich, für mein Aussehen, das mir meiner Meinung nach in die Wiege gelegt wurde, bewundert zu werden. Zum anderen weiß ich jedoch auch, dass ich in meinem Leben, was meine innere und äußere Alterung angeht, einiges richtig gemacht und zielgerichtet verfolgt habe. Ein zweischneidiges Schwert für ein Lob: Glück gehabt, was das Aussehen angeht und Verdienst, was den Verlauf betrifft.

Wie sieht es mit meiner eigenen **Selbstwahrnehmung** aus? Ich fühle mich tatsächlich nicht wie 66 Jahre alt, sondern entschieden jünger – lebensfroh, auf dem Weg zu weiteren Erfahrungen, Weisheiten, mit Freude an Bewegung und der Motivation, Leistungen zu erbringen und mich zu messen ... einfach richtig lebendig! Beim Blick in den Spiegel zeichnen sich Falten in meinem Gesicht ab. Größtenteils sind es Lachfalten, doch meine

Augen leuchten noch immer – nach wie vor bereit für das leidenschaftliche Abenteuer »Leben«.

Eine Studie im »Journal für Psychologie« von Alexandra Grillitsch – »50+ und der Traum vom jugendlichen Aussehen« – zeigt, dass sich Frauen im Alter zwischen 50 und 85 Jahren im Mittel um 11 Jahre jünger fühlen, als sie tatsächlich sind (Grillitsch, A. et al., 2015). Also alles ganz normal?

Nach Westernhof und Barret (2005) bedeutet, sich jünger zu fühlen, mit einer positiven Altersidentität und einem positiven Selbstwert ausgestattet zu sein. Äußere Attraktivität und Natürlichkeit führen zu mehr Selbstakzeptanz und Selbstvertrauen. Davon können wir nie genug haben – vor allem mit zunehmendem Alter! Je früher wir beginnen, uns um einen gesunden Lebensstil und ein gepflegtes äußeres Erscheinungsbild zu kümmern, umso besser wirken sich unsere Bemühungen im Umgang mit uns selbst aus. Wir haben es nicht in der Hand, mit welchem Aussehen wir zur Welt kommen, doch auf die natürliche Alterung und die Pflege unseres Körpers können wir Einfluss nehmen. Wir tragen **Eigenverantwortung** für die Ausstrahlung, die wir haben – für das Bild, das wir nach außen tragen.

Für mich persönlich sind vier Punkte in diesem Zusammenhang wichtig:
1. Ein angemessener Lebensstil
   – Gesunde Ernährung
   – Wenig Alkohol und Softgetränke, viel Wasser, kein Tabak
   – Wenig Zucker, wenig tierische Fette und Transfette
   – Ausreichend Schlaf
2. Eine ausreichende körperliche Betätigung
   – 7.500 Schritte/Tag an der frischen Luft
   – Etwa 3 Stunden Sport/Woche

- Streicheleinheiten oder besser noch Sex
3. Eine angemessene Körperpflege
   - 3x täglich intensive Zahnpflege
   - Tägliche Gesichts- und Körperpflege mit natürlichen Pflegeprodukten auf biologischer Basis
   - Wechselduschen
4. Eine gute Körperhaltung
   - Fehlhaltungen der Wirbelsäule vermeiden
   - Rücken- und Bauchtraining in den Alltag integrieren
   - Immer wieder im Tagesablauf auf die Körperhaltung achten

Wunder können wir von allen diesen Maßnahmen jedoch nicht erwarten, allenfalls Verbesserungen. Ein gepflegtes Äußeres führt zu mehr Selbstvertrauen und zu mehr Ausstrahlung. Wir können uns zumindest ansprechend finden und authentisch! Wenn wir uns in unserer eigenen Haut wohl fühlen, wenn wir im Einklang mit uns selbst sind, haben wir eine positive und einnehmende Ausstrahlung.

Die Frage »Bin ich schön?« bezieht sich nicht nur auf unser Äußeres. Schön ist das Ich, das wir bejahen und annehmen können. Die Antwort auf die Frage, ob wir schön sind, sollten wir nicht von anderen erwarten, sondern vielmehr und in erster Linie von uns selbst (Schmid, W., 2018).

Und es gibt sie: diese innere Schönheit. Sie ist Ausdruck des Charakters, der inneren Werte, die im Fremdbild einer anderen Person oft erst dann entdeckt werden, wenn wir uns längerfristig kennen und auf der menschlichen Ebene intensiv begegnet sind. Diese Schönheit verbindet, und der Weg zur Seelenverwandtschaft ist nicht mehr weit.

Auch mein Blick ist in den Begegnungen mit anderen Menschen nicht nur auf das äußere Erscheinungsbild gerichtet – die

Suche nach innerer Schönheit beschert mir Freundschaft und Lebensqualität. Wagen Sie auch einen zweiten und dritten Blick und Sie werden mehr erkennen als ein gut oder schlecht geformtes Gesicht, einen gut trainierten oder auch untrainierten Körper.

Nicht alles an uns müssen wir schön finden. Ein zu schönes ebenmäßiges Gesicht wirkt oft langweiliger als ein markantes. Auch unsere beiden Gesichtshälften sind nicht absolut identisch und deckungsgleich. Haben Sie schon die Schokoladenseite Ihres Gesichts entdeckt? Und auch nicht alles an uns muss bejahenswert sein – nur einiges, das ausreicht, um das Negativere auszugleichen.

Wir sind nicht auf eine grandiose Außendarstellung angewiesen. Stattdessen sollten wir uns um Authentizität bemühen, um ein wahrhaftiges Selbst.

Schließen Sie Freundschaft mit sich selbst. Nehmen Sie sich so an, wie Sie sind und versuchen gleichzeitig das Beste aus sich herauszuholen! Treten Sie den Beweis dafür an, dass Selbstfreundschaft Ihre alltägliche Welt zum Positiven hin verändert und mit ihr auch Ihr soziales Umfeld.

Abbildung 27: Be your best self

Faktor 13: Unsere sozialen Kontakte

Einsamkeit und Kommunikation

»Ich sehne mich immer nach dem Alleinsein,
aber bin ich allein,
bin ich der unglücklichste Mensch.«
Thomas Bernhard

Dieses Gefühl kenne ich auch ab und zu. Manchmal möchte ich einfach nur meine Ruhe haben, Zeit für mich allein. Doch gelegentlich fühle ich mich im Alleinsein auch »verlassen« und einsam. Wie kommt das? Filmschauspielerin Audrey Hepburn sagte einmal: »Ich möchte nicht alleine sein, ich möchte in Ruhe gelassen werden.«

Wir Menschen sind nicht nur Individuen. Wir sind auch soziale Wesen. Dass wir Menschen soziale Wesen sind, zeigt sich schon direkt nach unserer Geburt. Wir wären ohne die Hilfe unserer Mutter oder anderer Bezugspersonen nicht überlebensfähig. Der Kontakt zu anderen Menschen ist für unsere gesunde Entwicklung von großer Bedeutung. Vorwiegend in den ersten drei Lebensjahren wird das Urvertrauen für das gesamte weitere Leben angelegt. Damit wir in der Welt zurechtkommen können, müssen wir mit unserem sozialen Umfeld erfolgreich in Kontakt treten und interagieren. Die Großmutter kann dabei eine entscheidende Rolle spielen. Wenn Sie die Gelegenheit haben, dann helfen Sie Ihren Enkeln, selbstbewusst ins Leben einzusteigen und bereichern sich gegenseitig.

In der Evolutionsgeschichte des Menschen spielt die Gemeinschaft schon immer eine wichtige Rolle. Soziale Interaktionen dienten der Förderung von Zusammenarbeit, Überlebensstrategien und der Weitergabe von Wissen und Fähigkeiten.

Unsere frühen menschlichen Vorfahren lebten in Gruppen, um sich vor Raubtieren und anderen Gefahren zu schützen, Nahrung zu suchen und andere grundlegende körperliche Bedürfnisse zu befriedigen. Das Zusammenwirken innerhalb dieser Gruppen war entscheidend für das Überleben der Menschen. Sie konnten auf die Unterstützung ihrer Gruppe zählen. Ressourcen wie Nahrung, Wasser und Unterkünfte teilten sie. Durch soziale Interaktionen innerhalb der Gruppe konnten sie ihre Fähigkeiten und ihr Wissen an die nächste Generation weitergeben. Zum Beispiel lernten Kinder von ihren Eltern und anderen Mitgliedern der Gemeinschaft, wie man Werkzeuge und Bekleidung herstellt, Tiere jagt oder Nahrung sammelt.

Ohne soziale Beziehungen – familiärer, freundschaftlicher Art oder auch Liebesbeziehungen – vereinsamen wir und werden krank. Besonders im Alter, wenn wir als ältere Menschen häufiger mit Verlusten von Freunden und Familienmitgliedern konfrontiert werden, sind soziale Kontakte von entscheidender Bedeutung für uns, um ein Gefühl von Verbundenheit und Lebensfreude in uns zu wecken und aufrechtzuerhalten.

Durch soziale Interaktionen sind wir in der Lage, Gefühle der Einsamkeit und Isolation zu reduzieren und das Risiko für Depressionen und Angstzustände zu verringern. Wir können durch gemeinsame Aktivitäten wie Spaziergänge, Ausflüge, Sport, Tanz oder Ähnliches unsere körperliche Aktivität fördern und unseren allgemeinen Gesundheitszustand verbessern sowie das Risiko für bestimmte Krankheiten kleinhalten. Regelmäßige Aktivitäten im sozialen Kontext sorgen sogar dafür, dass wir unsere kognitiven Fähigkeiten wie unser Gedächtnis, unsere Aufmerksamkeit und unsere Fähigkeit, Probleme zu lösen, verbessern.

Krame ich in meinem Erfahrungsschatz, so erkenne ich, dass vor allem gemeinsame Gespräche, die **Kommunikation** und das Gefühl, Teil einer Gemeinschaft zu sein, uns emotionale Unterstützung bieten und uns zu mehr Wohlbefinden und Lebensfreude verhelfen. Die Fürsorge und Zuwendung unserer Mitmenschen bewirken, dass wir uns im gemeinsamen Tun, Schweigen und Reden sofort besser fühlen. Jeder von uns kennt dieses beruhigende Gefühl, wenn wir in Not sind, in den Arm genommen und getröstet zu werden. Natürlich profitiert auch unser Gegenüber in dieser Win-win-Situation, da auch wir den anderen achtsam wahrnehmen können. So wird Teilen, Nehmen und Geben zum Gut aller Beteiligten und lässt uns insbesondere schwierige Lebenssituationen leichter ertragen.

Zu diesem Thema konnte ich eine Studie finden, die belegt, dass wir Schmerzen und Krankheiten als schwerwiegender empfinden, wenn wir uns »alleingelassen« fühlen (Le Roy, A.S. et al., 2017).

Hochbetagte Menschen erleben im Vergleich zu anderen Faktoren das **Alleinsein** als größte Belastung in dieser Lebensphase. Ich hatte zu Beginn meines Buches bereits die Studie von Michael Marmot und Richard Wilkinson erwähnt, die besagt, dass das Zugehörigkeitsgefühl zu einer Gruppe sich wie eine aktiv betriebene Gesundheitsfürsorge auswirkt.

Worin besteht der Unterschied zwischen **Alleinsein und Einsamkeit**?

Alleinsein beschreiben wir als einen **Zustand** der Abgeschiedenheit von anderen Personen. Wir können freiwillig alleine sein, um Zeit nur mit uns zu verbringen, um Ruhe zu finden, um uns zu entspannen und durchzuatmen oder uns auf anstehende Aufgaben zu konzentrieren. Im Gegensatz dazu sind Verluste von Freunden, Lebenspartnern, Mitstreitern des Lebens keine freiwilligen Entscheidungen. Sie werden uns aufgezwungen. Trauer zieht bei uns ein, und an dieser Stelle sollten wir ein ganz persönliches Konzept für uns entwickeln, das uns vor Einsamkeit schützt.

Das Gefühl der Einsamkeit definiert sich als **emotionales Erleben**, das mit einem Mangel an sozialen Beziehungen und dem Gefühl der Isolation verbunden ist. Es trifft uns hart, wenn uns in dieser Situation keine ausreichenden Verbindungen zu anderen Menschen zur Verfügung stehen. Häufig ist dieses Gefühl mit negativen Emotionen verbunden und löst Empfindungen aus wie Traurigkeit, Leere oder das Gefühl, nicht verstanden oder unterstützt zu werden.

Wir *sind* allein und *fühlen* uns einsam. Es ist ebenso möglich, allein zu sein, ohne sich einsam zu fühlen. Eine weitere Möglichkeit ist es, von anderen Menschen umgeben zu sein und dennoch stark unter Einsamkeit zu leiden.

Ältere Menschen sind laut Bundesministerium für Familie, Senioren, Frauen und Jugend von Einsamkeit häufiger betroffen als jüngere (Vogel, Claudia 2017).

Das Gefühl der **Einsamkeit** schlägt uns nicht nur auf das Gemüt, sondern sie hemmt auch unsere Immunabwehr, indem sie die Genaktivität in den Abwehrzellen verändert. Es werden Gene aktiver, die Entzündungen fördern und die Abwehr gegenüber Viren schwächen. Wir werden häufiger krank und sterben früher (Cole, S. et al., 2015).

Das Alleinsein trifft uns in vielen Fällen nicht ganz unvorbereitet und schlagartig. Wir können uns darauf vorbereiten und der Einsamkeit vorbeugen, indem wir soziale Kontakte pflegen und gleichzeitig neue aufbauen. Unser menschlicher Wunsch nach Zusammengehörigkeit ist evolutionär bedingt und zeigt sich immer wieder in der Hilfsbereitschaft und Solidarität der Menschen bei Naturkatastrophen oder anderen Schicksalsschlägen. Aus eigener Erfahrung oder in den Medien erhalten wir Anschauungsunterricht, wie fremde Menschen den Betroffenen helfen, sie in den Arm nehmen und Trost spenden.

Mit der intensiven Pflege unserer sozialen Kontakte verbessern wir unser Lebensglück hin zu einem aktiven, erfüllten, glücklichen und gesunden Leben für uns selbst und auch für andere.

Bleiben Sie kontaktfreudig und pflegen den Umgang mit Familie, Freunden und Bekannten. Bauen Sie sich ein soziales Netzwerk auf, das Sie unterstützt und Ihnen Fürsorge bietet. Bringen Sie sich aktiv in dieses Netzwerk ein und genießen Sie das Gefühl der Sicherheit und Geborgenheit.

Erweitern Sie Ihren Bekanntenkreis und suchen Sie Gleichgesinnte, um gemeinsamen Interessen, Hobbys und Freizeitaktivitäten nachzugehen. Sie finden sie in Vereinen, an schwarzen Brettern in öffentlichen Einrichtungen wie Bibliotheken, Kirchengemeinden, im Bioladen und in Supermärkten.

Ich selbst habe kürzlich wieder begonnen zu stricken. Ich hatte mir eine Anleitung für einen Strickpulli und flauschige Wolle gekauft. Leider war die Strickanleitung derart kompliziert, dass ich mein Gestricktes mehrfach wieder auftrennen und erneut versuchen musste voranzukommen. Nach mehrmaligen Versuchen erkannte ich: Ohne Unterstützung kein Erfolg! Ich ging auf die Suche nach einem Stricktreff und wurde fündig. Mir konnte geholfen werden – der Pulli ist wunderschön geworden! Seither besuche ich den Handarbeitstreff in einem Café mit Wollladen immer wieder und genieße die gemeinsame Zeit und den Austausch mit den anderen Frauen.

Abbildung 28: In selbst gestrickter Kleidung fühle ich mich besonders wohl

Der Mehrwert solcher Treffen liegt im Austausch mit anderen Menschen unterschiedlichster Herkunft und Alters. Das erweitert den Horizont und bereichert unser Leben Wir können solche Zusammenkünfte auch durch ehrenamtliches Engagement, Nachbarschaftshilfe oder Patenschaften finden. Seien Sie kreativ und suchen Sie auch über digitale Medien nach derartigen Möglichkeiten.

Nutzen Sie auch kleine Gelegenheiten für einen zwischenmenschlichen Austausch, zum Beispiel einen kurzen Plausch mit dem Nachbarn im Treppenhaus, der Verkäuferin am Marktstand oder einer ebenfalls wartenden Person an der Haltestelle der U-Bahn. Überraschenderweise haben mir solche spontanen Gespräche auch schon neue freundschaftliche Beziehungen und Perspektiven beschert, die mein Leben bereichern. Betreiben Sie Netzwerkarbeit, und unsere Altersringe – das zunehmende Alter in Zahlen – verschwimmt in Aktivität und Wohlbefinden, wird immer weniger wichtig im »Hier und Jetzt«.

Abbildung 29: Netzwerk

Kunst und Kultur

»Wir verwenden einen Spiegel, um unser Gesicht zu sehen.
Wir brauchen die Kunst, um unsere Seele zu sehen.«
George Bernard Shaw

Kultur kann uns älteren Menschen helfen, unsere Identität zu festigen, unser Selbstwertgefühl zu stärken und ein Gefühl der Zugehörigkeit und Sinnhaftigkeit in unserem Leben zu schaffen. Verbinden wir uns zum Beispiel mit unserer Geschichte, sei es durch die Erinnerung an vergangene Ereignisse, das Feiern von Traditionen oder das Eintauchen in kulturelle Erlebnisse, bereichert das unsere Seele. Die Verbindung mit der eigenen Geschichte durch den Besuch von Ausstellungen über vergangene Zeiten oder Lesungen über historische Ereignisse können uns Menschen helfen, unser Verständnis für unsere eigene Identität zu stärken. Sie schafft ein Gefühl der Kontinuität und Verbundenheit.

Durch die Teilnahme an kulturellen Aktivitäten können wir Anerkennung und Wertschätzung für unsere kulturellen Traditionen und Werte erfahren. Wir können uns als wertvolle Mitglieder einer kulturellen Gemeinschaft fühlen. Sich mit Gleichgesinnten zu treffen, eine kulturelle Gemeinschaft zu erleben und die Bedeutung und den Wert von gelebtem Brauchtum zu erfahren, sorgt für Orientierung und erzeugt das Gefühl der Zugehörigkeit. Es ist unser äußeres Netzwerk, auf dem wir die Vergangenheit bewahren, die Gegenwart leben und die Zukunft planen. Wir werden von allen kulturellen Netzwerken wie Familie, Schule, Freundeskreis, Vereinen, kulturellen Gemeinschaften usw. geprägt und zugleich prägen wir sie durch die Einzigartigkeit unserer Person.

Kunst und Kultur tragen wesentlich dazu bei, dass wir die Welt verstehen und unseren Horizont erweitern – und kann zusätzlich Freude bereiten. Museen, Bibliotheken und Theater sind Orte gesellschaftspolitischer Auseinandersetzung und Bildung und regen oft zur kritischen Reflexion über gesellschaftliche Themen, Werte und Normen an. Durch die Auseinandersetzung mit verschiedenen künstlerischen Ausdrucksformen können wir dazu angeregt werden, über unsere eigenen Überzeugungen nachzudenken, Vorurteile zu hinterfragen und eine reflektierte Lebenshaltung zu entwickeln.

Erst gestern besuchte ich ein »Lecture Recital« – ein Gesprächskonzert in einer evangelischen Kirche. Der Veranstalter war ein Hospizdienst und die Vortragsperformance fand anlässlich des 30-jährigen Jubiläums dieses Dienstes statt. Der Titel lautete: »Todglücklich«. Wir alle kennen den Begriff »todunglücklich«, aber die Wortschöpfung »todglücklich« klingt zunächst befremdlich. Wir kennen auch die Begriffe »todmüde«, »todkrank« oder »todlangweilig«, nur was sagt uns die Vorsilbe »tod«? Ich sehe in ihr ein Elativ, eine Steigerungsform des Adjektivs wie zum Beispiel todmüde = so müde sein, dass das Wort »müde« nicht ausreicht, den Zustand des sehr, sehr müde seins ausreichend zu beschreiben. »Todglücklich« bedeutet also ausgesprochen glücklich, überglücklich zu sein. Das Gesprächskonzert befasste sich mit Tod und Leben. Eine Bestatterin sprach inspiriert von dieser und jener Episode aus ihrem beruflichen Alltag über die unterschiedlichsten Arten, wie Menschen mit dem Tod ihrer Angehörigen umgehen. Musikalisch wundervoll umrahmt wurden die Worte von einer Akkordeonistin und einer Violinistin. Ein anregendes und tiefsinniges, aber auch sehr humorvolles Konzert, das uns Zuhörer einen großartigen Einblick in die Arbeit von Bestattern gewährt hat. Jeden Tag begleitet eine Bestatterin

Menschen in Trauer. Sie erfährt ihre Geschichten und ihre Hoffnungen. Einfühlsam wurde der Umgang mit dem Tod eines Elternteils aus Sicht eines Erwachsenen und aus Kindersicht geschildert. Humorvoll philosophierte die Bestatterin über Grabinschriften wie »Eine solche Frau finde ich nie wieder, aber ich suche sie auch nicht« und hinterfragte unsere eigenen Wünsche bezüglich einer Bestattung: »Wollen Sie in die Berge, ans Meer, aufs Land?« – einem Urlaub gleich. Sie als Bestatterin sieht, was guttut und uns in der Stunde des Abschieds hilft. Sehr berührend war die musikalische Begleitung mit Violine und Akkordeon. Beendet wurde die Performance mit den Sätzen:

»Eines Tages werden wir sterben! Ja, aber an allen anderen werden wir leben.«

Ich war zutiefst beeindruckt von diesem berührenden Gesprächskonzert und der Arbeit der Bestatterin, ihren Gedanken und ihrer Einfühlsamkeit. Solche Erlebnisse hinterlassen Spuren in uns und prägen unsere Seele.

Vor dieser Veranstaltung war ich noch mit meinem Partner gemeinsam essen. Wir genossen das Ambiente des Restaurants und das Bouquet ausgewählter Aromen frischer Speisen in unseren Gaumen und Nasen. Im Gespräch stimmten wir uns auf das anstehende Thema ein und freuten uns, dass nach unseren sinnlichen Genüssen noch eine Veranstaltung für unseren Geist samt Hörgenuss auf uns wartete.

In dieser Kombination haben wir unseren Abend zu einem Gesamterlebnis für Körper, Geist und Seele gestaltet. Das gesamte Arrangement des Abends klingt auch jetzt noch in mir nach, und ich spüre den Impuls, mich weiterhin mit Themen des Lebens zu befassen und Neues zu erfahren.

Ich möchte auch Sie ermuntern, kulturelle Angebote zu nutzen. Sie können Ihnen helfen, Ihre Potenziale zu entdecken, sich weiterzuentwickeln und ein spannendes Leben zu führen. Probieren Sie es doch einmal mit einem Sprach- oder Rhetorikkurs und üben sich in Kommunikation und Sprache. Oder vielleicht mögen Sie in einem Kochkurs neue Rezepte und Informationen über Ernährung, Lebensmittel und Essgewohnheiten erfahren? Auch ein Kniggekurs ist eine Gelegenheit, Verhaltensweisen, die von Kultur beeinflusst werden, zu trainieren. Ein Kurs für Stilberatung gestaltet ebenso Ihr Auftreten als auch Ihr äußeres Erscheinungsbild.

All diese Kurse sind Impulsgeber für Neues – nutzen Sie diese vielfältigen Angebote, die Ihnen zur Verfügung stehen, die zu Ihnen passen und kleine Highlights in Ihr Leben bringen!

Abbildung 30: Kultur

Lesen und Literatur

»Von seinen Eltern lernt man lieben, lachen und laufen.
Doch erst wenn man mit Büchern in Berührung kommt,
entdeckt man, dass man Flügel hat.«
Helen Hayes

Als Kind habe ich oft heimlich mit der Taschenlampe unter der Bettdecke bis in die Nacht hinein in meinen Büchern geschmökert. Ich feierte mit »Hanni und Nanni« die Mitternachtspartys und ließ mich in fremde Welten von »Winnetou« entführen, folgte dem jungen Apachenkrieger »Schwarzer Adler« und kam mit »Old Shatterhand« den betrügerischen Machenschaften des Bauunternehmers Bancroft auf die Spur. Hautnah war ich dabei, als Old Shatterhand Winnetou vom Marterpfahl losschnitt. Ein riesiges, selbst gewähltes Abenteuer! Heutzutage lese ich noch immer für mein Leben gern – für mich selbst oder andere, indem ich vorlese oder mir vorlesen lasse! Meine Leseliebe in allen Variationen!

Ich genieße die Vorlesezeit mit Kindern, die wie gebannt an meinen Lippen hängen – ebenso wie das Vorlesen mit meiner beeinträchtigten Schwester, die nicht in der Lage ist, ein Buch zu lesen. Wir sind beide beglückt vom gemeinsamen Aneinanderkuscheln, Ins-Buch-Schauen und fühlen uns in diesen Momenten stark verbunden und geborgen. Wir lachen und kichern im Duett. Wir haben unsere ungeteilte Aufmerksamkeit, können träumen, unserer Fantasie freien Lauf lassen, Perspektiven wechseln und uns entspannen. Es ist so einfach, sich gegenseitig zu beglücken! Erinnern Sie sich selbst an ein schönes Vorlese-Erlebnis? Ist Ihnen auch bekannt, dass es jedes Jahr am dritten Freitag im November einen bundesweiten Vorlesetag gibt? Machen Sie mit und beteiligen Sie sich an einer der Vorleseaktionen in Kindergärten, Schulen oder Bibliotheken. Oder seien Sie spontan und lesen unerwartet Kindern auf Spielplätzen, im Bus oder anderswo oder bei irgendwelchen Gelegenheiten vor.

Ich selbst habe einmal unvermittelt einem Kind in einem Wartezimmer beim Arzt laut aus einem Kinderbuch vorgelesen, da es sich selbst überlassen war und nicht wusste, wie sie sich beschäftigen sollte. Ich rannte offene Türen ein. Das Kind war gebannt von meinem Vortrag, schaute interessiert auf die Zeichnungen im Buch und fragte mir ein Loch in den Bauch. Die Arztpraxis wollte mich sogleich engagieren – wie witzig! Auch im Krankenhaus und im Pflegeheim habe ich meiner Tante vorgelesen. Ein Teil der Belegschaft gesellte sich hin und wieder dazu, um ein paar Minuten der Entspannung zu erhaschen. Meine Tante genießt diese Art der Zuwendung in vollen Zügen und mit großer Dankbarkeit. Bleiben Sie kreativ und lassen keine Gelegenheit aus, sich lesend einzubringen!

Vorlesen fördert unseren Wortschatz, trainiert unsere Konzentration, vermittelt uns Wissen, regt unsere Neugier an, verknüpft Bild und Text und unterstützt unser Erinnerungsvermögen. Auch der Zuhörer profitiert in diesen Punkten und wird durch die Vorbildfunktion und die faszinierenden Welten des Buches zum eigenständigen Lesen motiviert. Kinder, denen häufig vorgelesen wurde, greifen auch als Heranwachsende und Erwachsene gerne zum Buch. Welch ein Erfolg, wenn wir dazu beitragen können.

Wie wir bereits wissen, erhöht das Lesen von Büchern unsere Lebenserwartung. Wer bis zu dreieinhalb Stunden pro Woche ein Buch liest, hat eine um 17 Prozent höhere Lebenserwartung als ein Nichtleser, wer mehr als dreieinhalb Stunden pro Woche liest, eine um 23 Prozent höhere (Bavishi, A. et al., 2016). Wissenschaftler haben herausgefunden, dass Lesen die kognitiven Fähigkeiten verbessert – den Wortschatz, das Konzentrationsvermögen, das logische und kritische Denken – sowie soziale Fähigkeiten wie Empathie und emotionale Intelligenz. Wollen wir länger leben, sollten wir folglich zum Buch greifen!

Neben gedruckten Büchern zum Lesen stehen uns auch E-Books mit Vorlesefunktionen wie ReadSpeaker, WebReader oder Hörbücher zur Verfügung. Hörbücher werden meist von professionellen Lesern und Schauspielern gesprochen und dabei ebenso eindrucksvoll wie leicht verständlich vorgetragen – ein Hörgenuss! Ein E-Buch mit Vorlesefunktion hat hingegen meist eine grauenvolle Sprachmelodie. Die Betonungen werden falsch gesetzt, wenn ein Punkt kein Satzende, sondern das Ende einer Abkürzung darstellt (z. B. oder o. Ä.). Dies erkennt die Vorlesefunktion nicht und betont den Punkt als Ende des Satzes. Fremdsprachliche Begriffe werden mit deutscher Betonung vorgetragen und dadurch verfremdet. Zudem kann die Vorlesefunktion den Text nur am Stück vorlesen und dann wieder von vorn beginnen, zurückspulen funktioniert nicht. Die Vorlesefunktionen haben sich als sehr unkomfortabel erwiesen – leider!

Am eindrucksvollsten empfinde ich es, eine Lesung zu besuchen und das Vorgetragene aus Autorenmunde live und mit allen Sinnen aufzunehmen.

Im November 2023 nahm ich an einer Lesung im Literaturhaus Stuttgart mit dem Buchkritiker Denis Scheck und der Autorin Teresa Präauer teil: »Kochen im falschen Jahrhundert« – eine Lesung, ein Gespräch, Quiche, Crémant und Eis! Die in Wien lebende österreichische Autorin beschreibt eine Einladung zum Essen, zu Blattsalat mit Birne, Pekannüssen, Ziegenfrischkäse und Roter Bete, zu Quiche Lorraine und Eis am Stiel. Im Verlauf des Kochabends kristallisiert sich die Sehnsucht der nicht mehr ganz jungen Erwachsenen, der gutverdienenden Mittvierziger, nach einem gelingenden Leben heraus. Die Abendgesellschaft bleibt namenlos und wird nur durch Funktionen, die sie ausüben, beschrieben. Wir kommen den Figuren und ihren Emotionen nicht nahe. Wie ein Leben gelingen kann, bleibt den gebildeten und solventen Gästen eher unklar. Entlarvend und zugleich unterhaltsam blickt die Autorin auf die »Dos« and »Don'ts« unserer Gesellschaft. Ganz nach ihrem Motto: »Sage mir, was du isst und ich sage dir, wer du bist.« Der Roman eines Abends und einer Einladung zum Essen – eine überaus gelungene Gesellschaftssatire. Die Gäste verhandeln über das Einkaufen, Kochen und Wohnen und diskutieren über heutige Begriffe, über den Hype der Streamingserien, während die Gastgeberin sich immer wieder ins falsche Jahrhundert versetzt fühlt.

Der Literaturkritiker Denis Scheck ist nicht nur Experte in Sachen Literatur, sondern auch ein leidenschaftlicher Koch. Er hinterfragte, ob Teresa Präauer eine raffinierte Geschichte von einem Abendessen erzählt, und damit eine Geschichte davon, wie sich jemand darstellen will. Denn: Was wir unseren Freunden auftischen, was wir von uns zeigen, das verrät uns, wer wir sein wollen. Das zwischen Autorin und Literaturkritiker geführte Gespräch lieferte Gedankenanstöße, war humorvoll und scharfsinnig.

Abgerundet wurde der Literaturabend mit Quiche, Eis und Crémant – leider konnte ich diese Kulinarik nicht genießen, da ich drei Wochen vor meinem Wettkampf strenge Diät zu halten hatte. Trotzdem ein sehr gelungener Abend!

Was soll Literatur leisten und welche Bedeutung ist der Literatur zuzuschreiben?

Literatur ist die Gesamtheit alles schriftlich Aufgezeichneten – der »Sprachkunstwerke«. Die frühsten Beispiele schriftlicher Literatur stammen aus dem alten Mesopotamien um 3400 v. Chr. Auf Tontafeln wurden Verwaltungs- und Wirtschaftsdokumente erstellt, später schrieben sumerische Schreiber auch Hymnen, Gedichte und Essays.

Was vermag Literatur zu leisten? Literatur kann uns Menschen Freude und Vergnügen bereiten, uns glücklich machen und uns auf intelligente Weise unterhalten. Indem wir Bücher lesen, können wir uns selbst besser verstehen lernen und uns zu reflektierenden Menschen entwickeln. Wir können uns mit unterschiedlichen Perspektiven beschäftigen und Verbindungen zum eigenen Handeln herstellen. Ich bin mir sicher, dass auch Sie schon einmal ein Buch gelesen haben, das Sie so mitgerissen hat, dass Sie es ohne Unterbrechung bis zum Ende lesen mussten. Je intensiver wir in eine fremde Geschichte eintauchen, desto näher kommen wir unserer eigenen. Wir lernen durch Bücher unsere eigene Persönlichkeit und auch die anderer Menschen besser kennen. Wir gewinnen an Freiheit im Denken und erleben uns selbst und die Welt reflektierend. Hat ein Buch zur rechten Zeit, wenn Sie es am wenigsten erwartet haben, schon einmal Ihr Leben verändert?

Im jugendlichen Alter war ich extrem schüchtern. Meine Eltern gaben mir vor, älteren Menschen keinesfalls zu widersprechen. Es fiel mir schwer, »nein« zu sagen. Mit 18 Jahren kaufte ich mir das Buch »Lass Dir nicht alles gefallen« von Rolf Merkle, einem Psychotherapeuten. Dieses Buch besitze ich noch heute. Es sieht mittlerweile ziemlich ramponiert aus, da ich es immer wieder gelesen und angewandt habe. Ich setzte es erstmals nach einem Einkauf ein. Als ich am Folgetag den gekauften

Gegenstand wieder zurückgeben wollte, nutze ich die »Riss-in-der-Schallplatte-Methode«. Ich sagte monoton immer den gleichen Satz: »Ich möchte von meinem Rückgaberecht Gebrauch machen« – ohne Rücksicht auf das, was mir entgegnet wurde. Es war sehr anstrengend für mich, doch ich hatte Erfolg, und es hat mein Leben verändert!

Mit zunehmendem Alter und der Frage nach dem Sinn des Lebens habe ich mich vermehrt mit der Selbstfindung und meiner persönlichen Weiterentwicklung beschäftigt. Ich möchte Ihnen meine persönlichen Buch-Favoriten vorstellen:

1. Drei Fragen. Wer bin ich? Wohin gehe ich? Und mit wem?
   Jorge Bucay.
   Eine Gebrauchsanweisung für ein glückliches Leben.
3. Zuversicht. Die Kraft, die an das Morgen glaubt.
   Melanie Wolfers.
3. Das Café am Rande der Welt.
   John Strelecky.
   Sinnfragen des Lebens.
4. Der Alchimist.
   Paulo Coelho.
   Über Loslassen und Vertrauen.
5. Das Kind in dir muss Heimat finden.
   Stefanie Stahl.
   Kindheit und Zusammenhang von heutigem Verhalten in Beziehungen.
6. Die 1-%-Methode.
   James Clear.
   Ziele im Leben erreichen, negative Gewohnheiten ablegen und positive ausbilden.

Zu guter Letzt möchte ich Ihnen noch musikalisch-literarische Werke ans Herz legen. Haben Sie auch den einen oder anderen Ohrwurm, der Sie fesselt? Gibt es eine Zeile oder einen Refrain, der Sie emotional und schon ihr Leben lang begleitet und berührt? Auch Songtexte können poetische Ausdrucksformen der Liedtradition sein. Sänger Bob Dylan erhielt 2016 den Nobelpreis für Literatur für seine gesellschaftlichen und politischen Songtexte. Es lässt sich darüber streiten, ob dieser Preis angemessen ist oder nicht, doch anzumerken ist, dass Bob Dylan auch Memoiren und eine Gedichtsammlung veröffentlich hat. Er selbst beschrieb die Ehre der Verleihung dieses Preises als »unglaublich« und sagte: »Lieder sind anders als Literatur. Sie sollen gesungen und nicht gelesen werden. Die Worte in Shakespeares Stücken sollten auf der Bühne gespielt werden. So wie Texte in Liedern dazu gedacht sind, gesungen und nicht auf einer Seite gelesen zu werden ...«

Eines meiner Lieblingslieder ist von Gloria Gaynor und heißt:

»I Am What I Am«

Das Original wurde 1978 von den Village People auf ihrem Album »Macho Man« veröffentlicht.

I Am What I Am
I am what I am
I don't want praise
I don't want pity
I bang my own drum
Some think it's noise
I think it's pretty

And so what if I love each sparkle and each bangle?
Why not try to see things from a different angle?
Your life is a shame 'til you can shout out
I am what I am

I am what I am
I don't want praise
I don't want pity
I bang my own drum
Some think it's noise
I think it's pretty

Ein ebenfalls sehr bekannter und wie ich finde unter die Haut gehender Song von ihr ist »I Will Survive«.

Gloria Gaynor ist heute 80 Jahre alt und singt immer noch – inzwischen hauptsächlich Gospel.

Schreiben und Schreibkultur

»Einander zu schreiben, ist der Versuch,
ein Sternenfunkeln aus Wörtern in das Herz
eines anderen Menschen zu schicken.«
Jochen Mariss

Das händische Schreiben hat heutzutage an Bedeutung verloren. Textnachrichten, E-Mails oder Emojis werden in unserer digitalisierten und schnelllebigen Welt bevorzugt. Doch wir alle wissen, eine handgeschriebene Postkarte oder ein Brief, ein handgeschriebener Zettel für die Vesperdose oder ein von Hand geschriebener Notizzettel auf dem Schreibtisch einer geliebten Person angebracht, lösen intensivere Emotionen aus als eine digitale Nachricht. Wissenschaftlich ist belegt, dass wir uns an eine per Hand verfasste Notiz besser erinnern als an eine digitale.

Das haptische Schreiberlebnis ist Ausdruck unserer Persönlichkeit. Eine Handschrift liefert ebenso ein Abbild von unserer Persönlichkeit wie unser Gang. Wir können Menschen aus der Ferne an ihrem Gangbild erkennen, ebenso können wir deren Handschrift identifizieren. Obwohl wir alle in der Schule die gleichen Buchstaben erlernen, sieht unsere Handschrift unterschiedlich aus und ist nahezu unverwechselbar. Größe, Neigung und Druckstärke der Buchstaben variieren. Die Graphologie beschreibt einen Zusammenhang zwischen dem Handgeschriebenen und dem Wesen des Schreibers. Belegt werden konnte das bisher jedoch nicht. Die Psychologin Barbara Gawada aus Lublin untersuchte 440 Studierende mittels einer

Schriftprobe und ließ sie einen Persönlichkeitsfragebogen ausfüllen. Sie fand keine Zusammenhänge zwischen der Handschrift
und Persönlichkeitsmerkmalen (Gawada, B., 2014).

Doch die Handschrift kann auf unser Alter Hinweise geben.
Präzise Handbewegungen erfordern ein abgestimmtes Zusammenspiel von Muskeln, Nerven und Hirnarealen, die für
die Motorik zuständig sind. Mit zunehmendem Alter können
feinmotorische Störungen auftreten, die das Schriftbild weniger gleichmäßig erscheinen lassen. Wir schreiben häufig auch
größer, weil wir schlechter sehen als vor Jahren. Das Schriftbild eines an Parkinson erkrankten Menschen wird kleiner und
kann als frühes Warnzeichen für den Ausbruch der Krankheit
dienen (Wolton, J., 1997).

Das Handschreiben ist ein sehr komplexer Vorgang, bei dem
zwölf Hirnareale aktiv sind, mehr als 30 Muskeln und 17 Gelenke
zusammenwirken und von den Schreibenden unbewusst koordiniert werden. Beim digitalen Schreiben, dem Tippen, handelt
es sich um immer die gleiche Bewegung, ganz unabhängig davon,
welche Buchstabentaste gedrückt wird. Händisches Schreiben
wirkt sich positiv auf unsere motorischen und geistigen Fähigkeiten aus. Das Gehirn denkt sozusagen mit der Hand. Schreiben mit der Hand verbessert die Geschwindigkeit und Intensität
des Lernvorganges und die Gedächtnisleistung. Nutzen Sie diese
Möglichkeit für sich! Entdecken Sie Ihre Kreativität und schreiben Sie alles auf, was Sie beschäftigt. Das gibt Ihnen die Gelegenheit, Ihre Gedanken zu ordnen und zu strukturieren, aber auch
beglückende Momente und Ereignisse festzuhalten. Vielleicht
erfreut sich dann später einmal Ihre Nachwelt an diesen Schrift-
stücken, in denen Sie Ihre Spuren hinterlassen haben.

Beispielsweise gibt es verschiedene Möglichkeiten, ein zweck-
gebundenes und interessenorientiertes Tagebuch zu führen.

Meine Mutter führt seit ihrem 19. Lebensjahr täglich ein persönliches Tagebuch. Es dient ihr dazu, ihre Gedanken, Erfahrungen,
Emotionen und Ereignisse festzuhalten und ihre Lebens-
erfahrungen zu reflektieren. Mir als Tochter hinterlässt sie ein
beeindruckendes Dokument als Ausdrucksmittel ihrer persönlichen Gedanken und Gefühle. Ich bin jetzt schon auf ihre Aus-
führungen gespannt und werde wohl auch meine eigenen Erfahrungen dazu in Korrelation setzen und vielleicht auch neu
bewerten müssen. Welch ein wertvoller Nachlass! Gibt es auch in
Ihrem Umfeld Menschen, denen Ihre Ansichten, Ihr Gedankengut wichtig sind? Scheuen Sie sich nicht, sie weiterzureichen und
zu teilen.

Ich selbst führe hin und wieder ein Tagebuch, das ich während
einer Reise schreibe und gestalte. Es enthält Einträge über besuchte Orte, Erfahrungen, Begegnungen und Eindrücke, auch
eigene Zeichnungen oder Fotos, Karten, Souvenirs und getrock-
neten Blumen. Auf diesen Seiten finden sich meine Abenteuer,
meine Impressionen wieder, in denen meine Seele berührt
wurde. Meine ganz besonderen Reiseaktivitäten habe ich doku-
mentiert und festgehalten, unter anderem meine Wanderung
mit Rucksack und Zelt mit meinen Hunden von Stuttgart nach
München, meine Rennradtour durch Thailand und mein Fahr-
radtrekking-Trip von Stuttgart nach Sylt. Besondere Eindrücke
bedürfen besonderer Dokumentation, um sie erfassen und auch
wieder loslassen zu können! Manchmal öffne ich sie wieder,
schlage irgendeine Seite auf, verlasse Gegenwart und Ort und
lasse Vergangenes in mir nachklingen. Zurück in der Gegenwart

verleihen sie mir Kräfte, um das Hier und Jetzt zu genießen und zu leben. Vielleicht lohnt es sich auch für Sie, wieder einmal einen Blick in Ihr Tagebuch, in alte Fotoalben zu werfen oder eine Fortsetzung zu schreiben?

Abbildung 31: Rennradtour durch Thailand

Während der Entstehung dieses Buches führte ich parallel ein kreatives Tagebuch, um Ideen, Skizzen, Gedichte, Zitate, Zeichnungen und andere kreative Geistesblitze festzuhalten. Es diente mir als Inspirationsquelle, Ort für künstlerische Experimente und Nachschlagewerk im Verlauf des Schreibens an meinem Buch. Das Tagebuch hilft mir, mich zu orientieren, nichts zu vergessen und an einem roten Faden festzuhalten. Es ist mir somit zu einem wertvollen Instrument geworden, auf das ich jederzeit zurückgreifen kann, sodass ich dieses Werk Stück für Stück mit der kreativen Kraft der Ideen aus diesem Notizbuch gestalten konnte.

Die Kultur des Schreibens gibt uns so viele Möglichkeiten an die Hand, die unseren Alltag erleichtern, unsere persönlichen Befindlichkeiten regeln und regulieren können, sodass ich an dieser Stelle weitere dieser kleinen Helfer, die auch mein Leben einfacher und klarer machen, anführen möchte.

Wenn Sie viele Termine und Aufgaben zu bewältigen haben, ist ein Bullet Journal sinnvoll. Es ist eine personalisierte Planungsmethode, die Notizen, To-do-Listen, Termine, Ziele und andere organisatorische Elemente und Aufgabenstellungen in einem einzigen System kombiniert. Es verwendet oft spezifische Symbole und Formate, um Informationen schnell und effizient zu organisieren.

Dass ich ein Dankbarkeitstagebuch in meinem Schlafzimmer liegen habe und gelegentlich führe, hatte ich bereits im Kapitel »Vergangenheit, Gegenwart und Zukunft« erwähnt. Dabei konzentriere ich mich darauf, dankbare Gedanken und schöne Erlebnisse festzuhalten. Dies fördert meine positive Einstellung für den kommenden Tag, baut Stress ab und steigert mein Wohlbefinden. Ich konzentriere mich auf die positiven Aspekte des Lebens.

Wer viel träumt, kann auch ein Traumtagebuch verwenden, um Träume aufzuzeichnen und zu analysieren. Es kann uns helfen, Träume besser zu erinnern, Muster zu erkennen und Einblicke in unser Unterbewusstsein zu gewinnen.

Zur Vorbereitung auf meine erste Mitteldistanz im Triathlon führte ich ein Fitness- oder Ernährungstagebuch, um Aktivitäten, Trainingseinheiten, Mahlzeiten, Befindlichkeiten und Fortschritte im Bereich Ausdauer und Ernährung festzuhalten. Es trug dazu bei, meine Ziele zu verfolgen, gesunde Gewohnheiten zu entwickeln und den Fortschritt zu überwachen. Das Ziel im Blick – der anstehende Wettkampf! Für meine Wettkampfvorbereitung im Natural Bodybuilding verfuhr ich ebenso: Ich zeichnete körperliche Aktivitäten, Trainingseinheiten, Befindlichkeiten, meine komplette Ernährung, mein Körpergewicht, meine Körpermaße und die Trainingserfolge auf.

Vergangenes Jahr überreichte ich meiner Mutter ein individuelles Kochbuch mit der Bitte, mir liebgewonnene Leibspeisen ihrer Küche darin zu verewigen.

Ich finde, dass dieses spezielle Gut erhalten und weitergereicht werden sollte. Alte Traditionen und Überlieferungen sind es wert, weiterhin gepflegt zu werden. Ich liebe die Thüringer Klöße aus rohen und gekochten Kartoffeln meiner Mutter, Königsberger Klopse und ihren Kartoffelsalat.

Oder schreiben Sie ein Buch, so wie ich es tue! Diese Aufgabe hat mich mit jedem Tag mehr beglückt. Die Beschäftigung mit einem Thema ist fordernd und erfüllend zugleich – ein Ringen um die richtige Wortwahl, den roten Faden, und das verfolgte Ziel sowie das unermessliche Glücksgefühl des Erreichten. Ich sinnierte ständig über die Art und Weise, wie ich die Aufmerksamkeit der Leser gewinnen und aufrechterhalten könne. Ich ersann ein Grundgerüst für das Manuskript, sammelte Gedanken und Ideen und erarbeitete zu Beginn ein Inhaltsverzeichnis, welches ich immer wieder meinen Ideen anpasste. Ich entschied mich zum Schreiben eines erzählenden Sachbuches. Ich sammelte Studien, sortierte sie nach Relevanz für das Thema meines Buches aus und versuchte, sie mit einfachen und verständlichen Worten wiederzugeben. Die Bedeutung der Studien für Sie als Leserschaft ist meines Erachtens entscheidend. Welche Konsequenz ziehen wir aus den Fakten? Wie können wir sie mit unserem Alltagsleben in Verbindung bringen und umsetzen? Ich habe dabei viel für mich selbst gelernt! Die dazugewonnenen Erkenntnisse haben mich beglückt. Das Lesen, adäquate Studien zu finden und gleichzeitig zu schreiben, hat mich beflügelt und vorangetrieben – ich hatte zu keinem Zeitpunkt eine Schreibblockade!

Zusätzlich gestaltete ich selbst die Schaubilder über »Ein gesünderes Leben«, indem ich mich intensiv mit einem Grafikprogramm auseinandersetzte. Die Schaubilder sollen eine Zusammenfassung der wichtigsten Aspekte für ein gesünderes Leben gebündelt darstellen und einen visuellen Eindruck hinterlassen.

Ab und zu holte ich mir bei Freunden ein Feedback ein, um zu sehen, ob ich mich auf dem richtigen Weg befinde ... und gelegentlich konnte ich fühlen, was meine Worte und Ideen in ihnen ausgelöst haben: Motivation pur – genau mein Ziel!

Ich möchte Sie dazu ermutigen, ebenfalls Ihre Gedanken aufzuschreiben und sich mit Ihrem Gedankengut zu befassen.

Es kann ein Buch sein, ein Gedankenaustausch in Briefen oder in den sozialen Medien. Geben Sie Ihren Gedanken Raum auf einem Blatt Papier oder im Internet. Ihr Engagement ist Ihr Gewinn. Es lohnt sich!

Es sind in unserem Kulturkreis 26 Buchstaben, die in unterschiedlichster Reihenfolge zu Worten und Sätzen, zu Botschaften werden. Sie dienen den Menschen, indem sie Traditionen aufrechterhalten, zur Bildung verhelfen und damit Armut bekämpfen, von einem Menschen zum nächsten fliegen und uns miteinander in Verbindung bringen.

Lassen Sie uns dieses Medium, diese Errungenschaft nutzen, um in Verbindung zu bleiben.

Abbildung 32: Schreiben

Conclusio

Meine Empfehlungen für gesundes und leidenschaftliches Altern

Vor fünfeinhalb Monaten habe ich in diesem Buch meinen ersten Satz geschrieben. Ich habe mich an diesen besonderen Moment erinnert und erlebte noch einmal die Begeisterung über den Frankfurter Triathlon. Ich fühlte mich in dem Moment frei und hochmotiviert, in dieses Buchprojekt einzusteigen, um meine Erfahrungen, vorhandene und noch zu gewinnende Erkenntnisse mit Ihnen zu teilen, die ich an dieser Stelle für Sie und auch für mich nochmals zusammenfassen werde.

Heute kann ich berichten, dass auch ich in dieser Zeit, die sich rückblickend zu einer kleinen Reise durch mein Leben entwickelt hat, ein weiteres kleines Stück leidenschaftlich an Körper, Geist und Seele gereift bin.

Empfehlung 1:
Neues

Altern ist ein sehr personenabhängiger Prozess, der im Alter noch stärker als in der Jugend individuell und höchstpersönlich verläuft. Ältere Menschen unterscheiden sich häufiger und deutlicher voneinander als junge. Kleinkinder ähneln sich allesamt noch im größeren Maße in Verhalten und Aussehen. Ihre Umwelt hatte bei ihnen noch nicht so viel Zeit, Einfluss zu nehmen und an der Persönlichkeit zu meißeln – so wie anfänglich bei einem Bildhauer, der aus rohem Stein eine Skulptur zu kreieren beginnt und noch nicht endgültig weiß, wie das Ergebnis einmal aussehen wird. So gehen auch wir mit unterschiedlichen Voraussetzungen und Erwartungen auf das Alter zu. Riesige Unterschiede bestehen daher auch darin, wie wir das Alter annehmen und erleben. Ich habe Menschen beobachtet, die mit vierzig sowohl innerlich und auch äußerlich schon wie Sechzigjährige wirken; aber auch ältere, die im Alter noch einmal so richtig aufdrehen und sich interessiert und voller Neugier neue Lebensräume und Perspektiven erobert haben. Das sind Menschen, die sich um andere und um sich selbst kümmern, ihre Ziele, Visionen und Träume verwirklichen, für die sie in den mittleren Jahren keine Zeit finden konnten. Für sie und auch für mich gilt: »The Seventies are the new Fifties« heißt: »Die Siebziger sind die neuen Fünfziger.« Wir sind für unsere Haltungen, Einstellungen und Handlungen jeden Tag aufs Neue selbst verantwortlich und wollen diese ureigene Verantwortung auch nicht abgeben. In unserem eigenen Handeln liegt es, ob es mit unserm Körper, Geist und unserer Seele bergab oder aber auch bergauf geht. Je früher wir immer wieder einmal etwas dafür tun, dass es uns besser geht und wir gesund altern, umso besser wird es uns gelingen, die Abenteuer unseres Alterns mit Verve und einem Lächeln auf den Lippen zu meistern. Das erfordert Selbstfürsorge, Selbstkontrolle und Selbstbeherrschung. Wer daran arbeitet und dies umsetzt, wird diese späte Phase des Lebens mit einem positiven Lebensgefühl bestreiten – sich einfach gut und aktiv fühlen.

Bauen Sie Spannung in Ihrem Leben auf, messen Sie sich an neuen Ideen und Aufgaben. Probieren Sie Neues aus! Wenn Sie Neuland betreten werden Sie mit Freude Möglichkeiten und neue Talente entdecken, an die Sie zuvor niemals gedacht haben.

Auf meiner bisherigen Entdeckungsreise, neue Impulse zu setzen, hat es sich als hilfreich erwiesen, alle Eingebungen und Geistesblitze auf Papier festzuhalten. Ich bin ein Fan von **Tagebüchern**. In einem persönlichen Tagebuch können Sie Ihre Gedanken, Gefühle, Erlebnisse und Beobachtungen und neue Ideen festhalten. Es dient Ihnen oft als Ort für Selbstreflexion und persönliches Wachstum.

Erinnern Sie sich an das Kapitel »Schreiben und Schreibkultur«? Kreieren Sie Ihre eigenen Tagebücher, zum Beispiel ein Reisetagebuch, das Ihnen während einer Reise dazu dienen kann, Aufzeichnungen über besuchte Orte, Begegnungen mit Menschen, kulturelle Erfahrungen und persönliche Eindrücke festzuhalten und dadurch auf Gedanken für neue Reiseerlebnisse zu stoßen. Kreieren Sie Ihre eigenen Bücher, finden Sie sich im Traum- und Dankbarkeitstagebuch wieder, strukturieren Sie Ihre Pläne und Vorhaben im Fitness- oder Ernährungsjournal. Es kann Sie auch beflügeln und auf neue Einfälle bringen, verschiedene kreative Schreibübungen in einem Tagebuch zu verewigen, zum Beispiel Gedichte, Geschichten zu schreiben oder Skizzen zu zeichnen.

Bleiben Sie kontaktfreudig und pflegen den Umgang mit Familie, Freunden und Bekannten. Laden Sie sie spontan – ohne Anlass – zu einem Essen und Gespräch ein, zu einem gemeinsamen Spaziergang, zu einem gemeinsamen Putztag, zu einem gemeinsamen Gartenarbeitstag, zu einem gemeinsamen Literaturabend mit der Besprechung gelesener Bücher, zu einem gemeinsamen Stricktag oder Ähnlichem ein. Bauen Sie sich ein soziales Netzwerk auf, das Sie unterstützt und Ihnen Fürsorge bietet. Erweitern Sie Ihren Bekanntenkreis und suchen Sie Gleichgesinnte, um gemeinsamen Interessen, Hobbys und Freizeitaktivitäten nachzugehen. Sie finden sie in Vereinen, an schwarzen Brettern in öffentlichen Einrichtungen wie Bibliotheken, Kirchengemeinden, im Biomarkt und Supermärkten.

Nutzen Sie kulturelle Angebote und buchen Sie einen interessanten Kurs. Probieren Sie es doch einmal mit einem Sprach- oder Rhetorikkurs, einem Koch- oder Kniggekurs oder einem Kurs für Stilberatung. Das Angebot ist vielfältig. Es weckt Lebensgeister und verbindet!

Empfehlung 2:
Bewegung

Mit zunehmendem Alter wird unsere Lebensweise meist ruhiger – wir bewegen uns weniger. Körperliche Aktivitäten sind für unsere körperliche, geistige und seelische Fitness aber von großer Bedeutung.

Treiben Sie täglich Sport oder gehen Sie flott spazieren. Dies bessert Ihr körperliches Befinden, hat einen signifikanten, nachweisbaren positiven Effekt auf Ihre kognitiven Fähigkeiten, auf Ihre mentale Gesundheit und Ihren Schlaf. Wenn Sie Sport nicht so mögen, schwingen Sie das Tanzbein! Diese kooperative körperliche Ertüchtigung verbindet Bewegung, Musik und Gemeinschaft. Tanzen kann besonders gut dabei helfen, das Gehirn am Altern zu hindern. Ich selbst finde Inspiration und viel Freude beim Tangotanzen und lasse dabei jegliches Alltagsproblem vor der Tanzsaaltür stehen.

Für meine eigenen Bedürfnisse habe ich mittlerweile ein festes **Sportprogramm** gefunden und in meinen Alltag integriert:

Yogaletics (fitathome.de) am Morgen und ein auf meine Bedürfnisse abgestimmtes **Krafttraining** im weiteren Tagesablauf.

Die Yogaletics-Videos sind mit einer einmaligen Gebühr zu erwerben. Geben Sie »Marion10« ein und erhalten einen Rabatt.

Oder: Versuchen Sie es einmal mit Jonglieren! Haben Sie schon einmal drei Bälle in die Hand genommen, um sie im Gleichtakt durch die Luft zu werfen und wieder einzufangen? Täglich 60 Sekunden – das verbessert Ihr Sehvermögen und Ihre Koordination und macht ungeheuer viel Spaß!

Ich bin überzeugt, Sie werden die richtige, belebende Aktivität für sich finden.

Abbildung 11: Bewegung reduziert Körperfett

Empfehlung 3:
Ernährung

Halten Sie sich fern von Fastfood-Produkten und Soft-getränken! Im Alter bauen wir schneller Fettpolster auf, da der Stoffwechsel nachlässt. Versorgen Sie sich in hohem Maße mit pflanzlicher, ballaststoffreicher Kost sowie mit genügend Ei-weiß für den Muskelaufbau. Verringern Sie Ihren Konsum an tierischen Produkten. Ich selbst habe meinen Kühlschrank mit Magerquark angefüllt. Sahnequark schmeckt wegen des höheren Fettanteils natürlich viel besser, aber ich ersetze das tierische Fett durch pflanzliches in Form eines Leinöles. Auch das sehr gesunde Leinöl schmeckt nicht sonderlich gut. Ich verwende daher ein Leinölmix aus dem Bioladen von der Ölmühle Moog: Omega-Orange, Omega-Pink, Omega-Rot oder Omega-Purple. Essen Sie saisonale und regionale, möglichst unverarbeitete oder wenig verarbeitete Lebensmittel. Auch Ihre Geschmacksnerven werden sich über die neue Vielfalt an Eindrücken freuen. Vermeiden Sie um Ihrer Figur willen, abends Kohlenhydrate zu essen. Sie hemmen unsere Fettverbrennung.

Essen Sie bewusst und langsam – genießen Sie Ihre Mahlzeiten! Richten Sie sich Ihre Speisen farbenfroh und wohlwollend für Ihre Augen an. Benutzen Sie schönes Geschirr und edle Servietten. Gönnen Sie sich das! Kauen Sie Ihre Speisen intensiv und mehrfach, bevor Sie sie schlucken. Nehmen Sie sich Zeit dafür – ohne jegliche Ablenkung!

Trinken Sie genügend Wasser! Im Alter lässt unser Trinkbedürfnis nach, obwohl unser Körper weniger Wasser speichert und wir daher einen höheren Bedarf an Flüssigkeit haben. Ihr Körper wird es Ihnen danken, wenn Sie mehr trinken und ihn mit gut durchspülten, entgifteten Organen und mehr Energie ausstatten.

Ein gesünderes Leben

Flexitarische Ernährung:
pflanzliche Lebensmittel
als Grundlage

+ SAISONAL REGIONAL

- kurze Lieferwege der Lebensmittel beachten
- heimische Produkte
- bunte Vielfalt an Obst und Gemüse
- auf Frische achten
- nach Jahreszeit einkaufen

+ ZEIT ZUM ESSEN

- Essen zelebrieren
- nicht nebenbei essen
- gründlich kauen
- Verdauung beginnt im Mund
- Sättigung nach 15-20 Minuten

KEINE FERTIGGERICHTE

- je stärker verarbeitet, desto ungesünder
- keine Dosen
- keine Fertiggerichte
- keine Fleischalternativen

+ SCHONENDE ZUBEREITUNG

- kurze Garzeiten
- Dampfgaren
- Gebackenes, Gebratenes, Gegrilltes, und Frittiertes in Maßen

Abbildung 9: Flexitarische Ernährung

Ein gesünderes Leben

Ernährungstipps
60+

**+ MAKRO- UND MIKRO-
NÄHRSTOFFE**

- proteinreich essen
- 20 Mikrogramm
  Vitamin D/Tag
- 1.000-1.200 mg/Tag
  Calcium

+ ÜBERGEWICHT

- weniger als früher
  essen
- Kurz-/Intervall-
  fasten
- Qualität vor
  Quantität
- Zeitpunkt und
  Reihenfolge der
  Nahrung beachten

+ TIPPS

- 1 Glas Wasser mit 1 EL Apfelessig vor jeder Mahlzeit
- sparsamer Gebrauch von Salz und Zucker stattdessen Kräuter und
  Gewürze (Knoblauch, Ingwer, Kurkuma, Rosmarin, Basilikum)
- mehrfach ungesättigte Fettsäuren (Speiseöle, Nüsse, Fisch) bevorzugen
- Antioxidantien (grüner Tee, grünes Blattgemüse, Tomaten, Brokkoli)
- mehrfach ungesättigte Fettsäuren (Fisch, Speiseöle, Nüsse, Samen)

Abbildung 10: Ernährungstipps 60+

Empfehlung 4:
Schlaf

Achten Sie auf Ihren **Biorhythmus** und Ihr individuelles Schlaf-bedürfnis! Gehen Sie erst dann schlafen, wenn Sie sich auch schläfrig fühlen.

Gönnen Sie sich täglich einen **Powernap**, einen Mittagsschlaf für ca. 20 Minuten. Trinken Sie vor dieser Ruhephase einen Kaffee. Seine Wirkung tritt beim Aufwachen ein, und Sie können den weiteren Tagesverlauf topfit in Angriff nehmen.

Essen Sie rechtzeitig zu Abend. Essen Sie Ihre letzte größere Mahlzeit drei Stunden vor dem Schlafengehen. So hat der Körper genügend Zeit, die Nahrung zu verdauen. Auf Alkohol sollten Sie verzichten. Er macht zwar zunächst müde, in der Nacht muss die Leber den Alkohol dann aber abbauen. Wirklich erholsam ist das keineswegs!

Gehen Sie am Abend noch einmal spazieren, meditieren Sie an Ihrem Lieblingsplatz oder begeben Sie sich in die **Kindspose.** Hierzu gehen Sie in den Fersensitz und legen Ihren Brustkorb zwischen den Oberschenkeln nach vorne ab und die Stirn sanft auf den Boden. Diese Übung löst Anspannungen in der Wirbelsäule und massiert Ihre Bauchorgane. So wird Ihr Körper entspannt und auf den Schlaf vorbereitet. Legen Sie Ihren Schmuck ab, sodass das Blut ungehindert durch Ihren Körper fließen kann. Wechseln Sie Ihre Kleidung. Auf diese Weise lösen Sie sich symbolisch vom Tag.

Abbildung 33: Kindspose

Falls Sie unter Durchschlafbeschwerden leiden, empfehle ich Ihnen, 300 Milligramm Magnesium vor dem Schlafen einzunehmen!

Eine prima Übung, wenn Sie der Tag nicht loslässt, ist es, **Tagebuch** zu führen. Schreiben Sie auf, was heute geschehen ist: drei gute Dinge, die Ihnen widerfahren sind und Sie beglückt haben.

Sorgen Sie für **gute Schlafverhältnisse:**

1. Kaufen Sie sich beim Fachhändler eine für Sie geeignete Matratze.
2. Schlafen Sie kühl bei ca. 19 Grad Celsius.
3. Sorgen Sie für Stille. Geräusche sind Reize, die die Regeneration hemmen.
4. Lüften Sie vor dem Schlafengehen oder lassen das Fenster gekippt. Dunkeln Sie Ihr Schlafzimmer ab. Dies steuert unseren Schlaf-Wach-Rhythmus.
5. Verbannen Sie elektronische Geräte aus ihrem Schlafzimmer. Die Strahlung hemmt den Schlaf, das künstliche Licht lässt Sie nicht zur Ruhe kommen.

Abbildung 26: Schlaftipps

Empfehlung 5:
Gehirn

Das Maß an Denkgeschwindigkeit bestimmt mit, ob ein älterer Mensch den Anforderungen des Alltags noch gewachsen und somit in der Lage ist, allein und selbstbestimmt zu wohnen. Trainieren Sie Ihr Gehirn ebenso wie Ihren Körper!

Bleiben Sie in Ihrem Alltag achtsam und aufmerksam und nehmen Ihr Umfeld und Ihr eigenes Handeln mit klarem Blick wahr, ohne sich von Gedanken und äußeren Einflüssen ablenken zu lassen oder das Wahrgenommene zu bewerten.

Widmen Sie sich bewusst den Dingen des Alltags und gönnen Sie sich Pausen! Jeder Belastung sollte eine Entlastung folgen, um Überanstrengung und Folgeschäden vorzubeugen. Wenn Sie – wie ich gerade – am Bildschirm arbeiten, stehen Sie ab und zu auf, öffnen das Fenster und schauen in die Ferne. Schließen Sie auch die Augen, um den Sehmuskel zu entlasten und frische Luft zu schnappen.

Versuchen Sie, sich **Namen zu merken**, wenn Ihnen Personen vorgestellt werden oder sich selbst vorstellen. Drei wichtige Schritte sollten Sie sich aneignen:

1. Trainieren Sie Ihre Aufmerksamkeit ohne äußere Ablenkung. Sie müssen sich die Information, die sie erhalten, merken wollen, z. B. einen Namen.

Wenn ihr Gegenüber sagt: »Ich bin Max«, wiederholen Sie den Namen am besten sofort und sagen: »Hallo Max.«

2. Speichern Sie die Information ab durch Wiederholung, durch Assoziation und Visualisierung. Schaffen Sie sich ein Bild, das den Namen widerspiegelt oder verknüpfen Sie den Namen mit einer berühmten Person oder einem Bekannten. Verwenden Sie eine Metapher – je origineller, desto einprägsamer!

3. Wenn die Schritte 1 und 2 gut absolviert wurden, ist Schritt 3 einfach: Sie werden sich erinnern.

Mehr hierzu finden Sie im Buch von **Phil Dobson »Das Buch des Denkens«**, das ich Ihnen zum Üben empfehle.

Üben Sie sich in **progressiver Muskelentspannung**:

1. Setzen Sie sich bequem auf einen Stuhl, die Füße flach auf dem Boden und Ihre Hände auf dem Schoß. Schließen Sie Ihre Augen.
2. Entspannen Sie Ihren gesamten Körper 5 Minuten lang. Beginnen Sie an Ihren Füßen. Spannen Sie diese an, bevor Sie sie wieder entspannen. Spannen Sie dann Ihre Waden an und entspannen diese anschließend wieder. Wiederholen Sie Anspannung und Entspannung in allen Körperteilen aufsteigend bis zu Ihrem Scheitel – Füße, Waden, Knie, Oberschenkel, Hüften usw. Entspannen Sie auch Ihr Gesicht.
3. Wenn Sie vollständig entspannt sind, öffnen Sie Ihre Augen. Den Zeitpunkt bestimmen Sie.

Abb. 34: Progressive Muskelentspannung

Lesen und schreiben Sie so viel und häufig wie möglich! Werden Sie zur Leseratte. Sie können Mitglied Ihrer Stadtbibliothek werden und das vielfältige Angebot an Büchern durchforsten. Lesen Sie verschiedenste Bücher unterschiedlichster Themen und versinken in der dargestellten Welt dieser Lektüre. Schreiben Sie wieder einmal eine Postkarte oder einen Brief und beglücken damit einen liebgewordenen Menschen.

Trainieren Sie Ihr Namens-, Zahlen-, Sprach- und Vokabelgedächtnis und Ihre Rechtschreibung.

Empfehlung 6:
Soziale Kontakte

Nutzen Sie auch kleine Gegebenheiten für einen **zwischenmenschlichen Austausch,** zum Beispiel einen kurzen Plausch mit dem Nachbarn im Treppenhaus, der Verkäuferin am Marktstand oder einer ebenfalls wartenden Person an der U-Bahn-Haltestelle. Überraschenderweise haben mir solche Stand-up-Gespräche auch schon neue freundschaftliche Beziehungen und Perspektiven beschert, die mein Leben bereichern.

Ich möchte Sie auch ermuntern, **kulturelle Angebote** zu nutzen. Sie können Ihnen helfen, Ihre Potenziale zu entdecken, sich weiterzuentwickeln und ein spannendes Leben zu führen. Gehen Sie wieder einmal ins Theater, in die Oper, zu einer Lesung, zu einem Konzert oder zu einer Museumsführung.

Schließen Sie sich einer **Gruppe Gleichgesinnter oder einem Verein** an, um zu wandern, zu sporteln, gemeinsam zu spielen, zu lesen, zu kochen, ein Projekt zu verfolgen, andere Menschen zu unterstützen, was immer Ihnen Spaß macht!

Empfehlung 7:
Der innere Schweinehund

Das ist meiner Ansicht nach der schwierigste Part am Versuch, jung zu bleiben – unser innerer Schweinehund! Und auch da spreche ich aus eigener Erfahrung. Doch wir können daran arbeiten.

1. Setzen Sie kleine kontinuierliche Verbesserungen um, um Ihr Ziel zu erreichen. Das Ziel ist für viele gleich, doch nur diejenigen erreichen es, die dauerhaft kleine Fortschritte machen.

2. Kleine Änderungen scheinen oft keine große Wirkung zu zeigen, bis eine Schwelle überschritten ist – wenn eine neue Gewohnheit begonnen wird, sollte sie nicht länger als ein paar Minuten in Anspruch nehmen.

3. Konzentrieren Sie sich nicht auf das, was Sie erreichen wollen, sondern darauf, **wer Sie werden wollen.**

4. Machen Sie sich Ihre Gewohnheiten bewusst, um sie ändern zu können.

5. Verknüpfen Sie eine aktuelle Gewohnheit mit einer neuen, die Sie kultivieren möchten.

6. Schließen Sie sich einer Gruppe an, um eine Gewohnheit zu etablieren.

7. Schaffen Sie ein Umfeld, in dem es so einfach wie möglich ist, eine Gewohnheit einzuführen und reduzieren Sie den Aufwand dafür – machen Sie es sich so leicht wie möglich!

8. Erhöhen Sie den Aufwand, der für schlechtes Verhalten erforderlich ist. Machen Sie es sich so schwer wie möglich – legen Sie sich selbst Steine in den Weg!

9. Die große Gefahr für den Erfolg ist Langeweile – sorgen Sie für Abwechslung!

Ich lege Ihnen hierzu das Buch von James Clear ans Herz: »**Die 1%-Methode**« – minimale Veränderung, maximale Wirkung.

Viel Erfolg wünsche ich Ihnen bei der Umsetzung Ihrer Pläne und Vorhaben.

Anhang

Lassen Sie uns in Kontakt bleiben:

Ich würde mich freuen, wenn Sie mir auf meinem Blog meiner Homepage www.marionroeschke.de über Ihre Erfahrungen und Ihre Erfolge berichten oder Ihre eigenen Geheimrezepte für leidenschaftliches Altern mit in den Topf werfen, um mit mir und anderen Lesern zu diskutieren und sich auszutauschen.

Voller Spannung freue mich schon jetzt auf Ihre Beiträge.

Danksagungen

Ein Sachbuch wie dieses fußt auf zahlreichen wissenschaftlichen Studien und bedarf einer verständlichen und sachgerechten Darlegung der Inhalte. Die Umsetzung der schwierigen akademischen Texte in eine alltagstaugliche Form verdanke ich Frau Barbara Mergenthaler und Frau Sabine Ruttloff, die mich auf dem Weg zu meinem ersten Buch freundschaftlich begleitet haben. Sie unterstützten mich mit zahlreichen Anregungen, stillen Hinweisen und engagierten Einsprüchen. Erst dadurch stellt sich das Buch nun so dar, wie Sie es gerade in Händen halten.

Ich bin außerordentlich dankbar für die zahlreichen Ideen, den Ansporn zu diesem Werk und vor allem dafür, dass Frau Mergenthaler und Frau Ruttloff schon an dieses Buch glaubten, als es noch gar nicht geschrieben war. Herzlichen Dank für Ihre Mitarbeit!

Darstellungsverzeichnis

Abb. 1:   Triathlon: Meine erste Mitteldistanz am Chiemsee 01.07.2012

Abb. 2:   Salutogenese. Workout Verlag Hamburg

Abb. 3:   Abwrackprämie oder Tuning? Kriebaum, Autocartoons

Abb. 4:   Kopf hoch, lassen Sie sich nicht hängen. Bildquelle; Adobe Stock, Ostrich No Solution, von jokatoons

Abb. 5:   vorgefundene Straßen in Sambia

Abb. 6:   Einsatz bei »Dentists without limits«

Abb. 7:   Locker bleiben und Lächeln. Workout Verlag Hamburg

Abb. 8:   Trinken für ein gesünderes Leben. Eigenes Design mit Canva

Abb. 9:   Verschiedene Aspekte der flexitarische Ernährung. Eigenes Design mit Canva

Abb. 10:   Ernährungstipps für 60+. Eigenes Design mit Canva

Abb. 11:   Was Bewegung im Alter. bewiorkt. Eigenes Design mit Canva

Abb. 12:   Fotos aus meinem Trainingsalltag. Fotograph Andreji Vysochanski

Abb. 13:   Fotos aus meinem Trainingsalltag. Fotograph Andreji Vysochanski

Abb. 14:   Meine Musterzeichnung für den Wettkampfbikini

Abb. 15:   Weltmeistertitel mit 64 Jahren

Abb. 16:   Bewegung reduziert Körperfett. Eigenes Design Canva

Abb. 17:   Genüsslicher Schlaf wie auf einer Wolke gebettet. Pinterest

Abb. 18:   Menopause, Canva

Abb. 19:   Die 5 Gedächtnissysteme des Gehirns. Eigenes Design mit Canva

Abb. 20: Werden Sie zur Leseratte, Canva, Albi

Abb. 21: Ihr Denk-Zettel. Eigenes Design mit Canva

Abb. 22: Weisheit, Foto aus Canva

Abb. 23: Hundespaziergang als Kind

Abb. 24: Hundespaziergang als Erwachsene

Abb. 25: Zeit für neue Erfahrungen, Canva

Abb. 26: Schlaftipps. Eigenes Design Canva

Abb. 27: Be your best self, Canva

Abb. 28: Mein Strickprojekt

Abb. 29: Netzwerk, Canva

Abb. 30: Kultur, Canva

Abb. 31: Rennradtour Thailand

Abb. 32: Schreiben, Canva

Abb. 33: Kindspose, Canva

Abb. 34: Progressive Muskelentspannung, Canva

Literaturverzeichnis

Aleman, A (2016). *Wenn das Gehirn älter wird. Was uns ängstigt. Was wir wissen. Was wir tun können.* C. H. Beck. S. 13–46.

Anguera, J. A. et al. (2013). *Video game training enhances cognitive control in older adults.* Nature, 501, S. 97–101.

Antebi, A. (24.06.2020). *Balanceakt zwischen Immunität und Langlebigkeit.* Max-Planck-Institut. https://www.mpg.de/15019915

Ardelt, M. (2003). *Empirical assessment of a three-dimensional wisdom scale.* Research on aging, 25(3), 99–101

Bavishi, A.; Slade, M. D.; Levy, B. R. (September 2016). *A chapter a day: Association of book reading with longevity.* Social Science & Medicine, 164, 44–48

Berliner Ärzteblatt (2013). *Psychology and Aging.*

Biggar, H. (25.03.2022). *Hyperexcitable arousel neurons drive sleep instability in old mice, study finds.* Stanford Medicine. S. 1–4

Bialas, P.; Jennifer E. (24.05.2022). *Kultur beeinflusst Schmerzerlebnis.* Pharmazeutische Zeitung. S. 1–5.

Brohm-Badry, M.; Berend, B. (11/2017). *Positive Psychologie: Grundlagen, Geschichte, Elemente, Zukunft.* Veröffentlichung, Universität Trier.

Bundesverband Deutscher Internistinnen und Internisten (2022). *Herz/Kreislauf & Sport.*

Cartensen, L. L. et al. (2011). *Emotional experience improves with age. Evidence based on over 10 years of experience sampling.* In: Psychology and Aging, 26, S. 21–33.

Chang, K.; Gunter, M.; Rauber, F.; Levy, R. B.; Huybrechts, I.; Kliermann, N.; Millett; C., Vamos, E. P. (February 2023). *Ultra-processed food consumption, cancer risk and cancer mortality: a large-scale prospective analysis within the UK Biobank.* eClinicalMedicine, Vol. 56, S. 1–12.

Cohen, D. (2010). *Geistige Fitness im Alter.* dtv, München.

Cole, S. W.; Capitanio, J. P., Chun, K.; Arevalo, J. M. G.; Ma, J.; Cacioppo, J. T. (2015). *Myeloid differentiation architecture of leukocyte transcriptome dynamics in perceived social isolation.* Proceedings of the national academy of Science. 1128(49):15142-47.

Cozolino, L. (2010). *Ein gesundes, alterndes Gehirn. Beziehungen stärken, Einsicht gewinnen.* Freiburg, Arbor Verlag.

Deutsches Ärzteblatt (2008). *Neuroplastizität auch bei Senioren,* 105 (31–32); A-1642/B-1418/C-1386.

Deutsche Adipositas-Gesellschaft e. V. (2023). *Prävalenz der Adipositas im Erwachsenenalter.* https://adipositas-gesellschaft. de/dag/

Didikoglu, A.; Maharani, A.; Tampubolon, G., Canal, M. M.; Payton, A.; Pendleton, N. (16.07.2019). *Longitudinal sleep efficiency in the elderly and its association with health.* Journal of Sleep Research, 29(3), S. 1–33.

DIW Deutsches Institut für Wirtschaftsforschung (2024). *Pressemitteilungen 2024 Lebenserwartung bei Geburt in Deutschland.* http://www.diestatis.de

Eliyan, Y.; Wroblewski, K. E.; McClintock, M. K.; Pinto, J. M. (2021). *Olfactory dysfunction predicts the development of depression in older US adults.* Chemical Senses, 46, S. 1–8.

Ericsson, K. A.; Pool, R. (2016). *TOP – Die neue Wissenschaft vom bewussten Lernen.* Pattloch.

European Society of Cardiology (03.05.2012). *Regelmäßiges Joggen steigert die Lebenserwartung erheblich.* https://www.escar dio.org/The-ESC/Press-Office/Press-releases/Multilingual/ Regelma-iges-Joggen-steigert-die-Lebenserwartung-erheblich

Fiatarone, M. A. et al. (1990). *High-intensity strength training in nonagenarians: Effects on skeletal muscle.* Jama, 263(22), S. 3029–3034.

Foscolou, A.; D'Cunha, N. M; Naumovski, N.; Tyrovolas, S.; Rallidis, L.; Matalas, A.-L.; Polychronopolous, E.; Sidossis, L. S.; Panagiotakos, D. (26. Dezember 2019). *Midday Napping and successful aging in older people living in the mediterranean region. The epidemiological mediterranean islands study (MEDIS)*. Brain Sciences. https://www.mdpi.com/2076-3425/10/1/14

Gawda, B. (2014). *Lack of evidence for the assessment of personality traits using handwriting analysis*. Polish Psychological Bulletin, 45(19), 73–79.

Goldberg, E. (2007). *Die Weisheitsformel – Wie Sie neue Geisteskraft gewinnen, wenn Sie älter werden*. Rowohlt

Grillitsch, A.; Jenull, B. (2015). *50+ und der Traum vom jugendlichen Aussehen*. Journal für Psychologie, 23(1). https://journal-fuer-psychologie.de/article/view/336

Hambach, A.; Evers, S.; Summ, O.; Husstedt, I. W.; Frese, A. (2013). *The impact of sexual activity on idiopathic headaches: An observational study*. Cephalalgia. 33(6), 384–389.

Hartwigsen, Gesa (26.06.2018). *Selbstheilung unseres Denkorgans: Vernetzt bleiben,* Max-Planck-Institut für Kognitions- und Neurowissenschaften.

Herda, S.; Meier, S. (15.10.2020). *Vom Kleinkind bis zum Senior: Knochenmasse lässt sich in jedem Alter aufbauen.* https://dgou.de/presse/pressemitteilungen/detailansicht-pressemitteilungen/artikel/vom-kleinkind-bis-zum-senior-knochenmasse-laesst-sich-in-jedem-alter-aufbauen-1

Inchauspé, J. (2022). *Der Glukose-Trick* (S. 225–240). Heyne-Verlag.

Izquierdo, Mikel et al. (2021). *International exercise recommendations in older adults (ICFSR): Expert consensus guidelines*. The journal of nutrition, health & aging, 25(7), S. 1–30.

Jacob, S., N., Hähnke, D.; Nieder, A. (2018). *Structuring of abstract working memory content by fronto-parietal synchrony in primate cortex.* Neuron, 99(3), 6.–10. August 2018.

Junyeon, W.; Alfini, A. J.; Weiss, L. R.; Michelson, C. S.; Callow, D. S.; Ranadive, S. M.; Gentili, R. J.; Smith, J. C. (25. April 2019). *Semantic memory activation after acute exercise in healthy older adults.* Cambridge University press. S. 1–29.

Kalisch, T.; Kattenstroth, J.-C.; Kowalewski, R.; Tegenthoff, M., Dinse, H. R. (2012). *Cognitive and tactile factors affecting human haptic performance in later life,* PLoS One, 7(1), o7e30420 Cross-Ref MEDLINE PubMed Central.

Kämpchen, M. (2019). *Die große Seele – Die Weisheit des Mahatma Gandhi.* Insel Verlag.

Khalil, R.; Karim, A. A.; Kondinska, A.; Godde, B. (2020). *Effects of transcranial direct current stimulation of left and right inferior frontal gyrus on creative divergent thinking are moderated by changes in inhibition control,* Brain structure & function, 225(6), 1691–1704.

Khapre; V. R., Kondratova, A. A.; Patel, S.; Dubrovsky, Y.; Wrobel, M.; Antoch, M. P.; Kondratov, R. V. (Januar 2014). *BMAL1-dependent regulation of the mTOR signaling pathway delays aging,* 6(1). https://www.aging-us.com/article/100633/text

Kirchner, C.; Völker, I.; Bock, Otmar, L. (2022). *Priming with age stereotypes influences the performance of elderly workers.* Psychology, 6(02), 133–137.

Kirsten, I.; Nicola, Z.; Kronenberg, G; Walker, T. L.; Liu, R. C.; Kempermann, G. (2015). *Is silence golden? Effects of auditory stimuli and their absence on adult hippocampal neurogenesis,* Brain structure & function, 220(2), S. 1221–1228.

Kizilhan, J. I. (22.06.2016). *Kulturelle Deutungen des Schmerzes in familienorientierten Gesellschaften.* Deutsche Schmerzgesellschaft e. V., Springer-Verlag.

Korte, M. (2012). *Jung im Kopf. Erstaunliche Einsichten der Gehirnforschung in das Älterwerden.* S. 98–120 und S. 194–196

Kraft, T., L.; Pressman, S. D. (2012). *Grin and bear it: The influence of manipulated facial expression on the stress reponse,* Psychological Science, 23(11), 1372–1378.

Klerman, E., B.; Dijk, D.-J. (24.07.2008). *Age-related reduction in the maximal capacity for Sleep—implications for insomnia,* 18(15). http://doi.org/10.1016/j.cub.2008.06.047

Köck, M. (2011). *Sein Name lautet nicht länger »wilder Hund«, sondern bester Freund. Auswirkungen tiergeschützter Interventionen auf das Wohlbefinden und die Kommunikationsfähigkeit dementer Bewohnerinnen von Pflegeheimen.* Universität Wien.

Kohnen, N. (2007). *Schmerzliche und nichtschmerzliche Patienten. Transkulturelle Aspekte des Schmerzerlebens.* Trauma und Berufskrankheit, 9, S. 323–328.

Krause von, M.; Radev, S. T.; Voss, A. (Mai 2022). *Mental speed is high until age 60 as revealed by analysis of over a million participants,* Institute of Psychology, Heidelberg University.

Langer, Ellen J. (2009). *Counter clockwise: mindful health and the power of possibility,* New York, Ballantine Books.

Lee, Eun-Joo; Ronald L. Neppl (2021). *Influence of age on skeltal muscle hypertrophy and atrophy Signaling: Established paradigms and unexpected links,* Genese 12.5, S. 688.

LeRoy, A. S.; Murdock, K. W.; Jaremka, L. M.; Loya, A.; Fagundes, C. P. (2017). *Loneliness Predicts Self-Reported Cold Symptoms after a Viral Challenge,* Health Psychology, 36(5), 512–520.

Lin, F. R.; Metter, E. J.; O`Brien R. J.; Resnick, S. M., Zonderman, A. B.; Ferrucci, L. (2011). *Hearing loss and incident dementia.* Archives of Neurology, 2011, 68(2), S. 214–220, CrossRef MEDLINE.

Lira, F. S.; Yamashita, A. S.; Uchida, M. C.; Zanchi, N. E.; Gualano, B.; Martins, E. Jr.; Caperuto, E. C.; Seelaender, M. (2010).

Low and moderate, rather than high intensity strength exercise induces benefit regarding plasma lipid profile. Diabetology & Metabolic syndrome 2, 31, S. 1–29 Have higher PAI-1 and lipoproteins levels than higher trained athletes. https://www.doi.org/10.1186/1758-5996-2-31

Loenneke, J. P. et al. (2017). *Time-course of muscle growth, and its relationship with muscle strength in both young and elder women.* Geriatrics & gerontology international, 17(11), S. 2000–2007.

Lumish, H. S.; O'Reilly, M. P. (2019). *Sex differences in genomic drivers of adipose distribution and related Cardiometabolic disorders: opportunities for precision medicine.* Arteriosclerosis, Thrombosis, and Vascular Biology, 40(1), S. 45–60.

Ly, D. v.; Low, R. R. J.; Frölich, S.; Bartolec, T. K.; Kafer, G. R.; Pickett, H. A.; Gaus, K.(2018). *Telomere-loop Dynamics in chromosome end protection,* Molecular Cell, S. 14–18. ; https://doi.org/10.1101/279877

Maerker, A. (2002). *Psychologie des höheren Lebensalters. Grundlagen der Alterspsychologie und klinischen Gerontopsychologie.* S. 1–58.

Mark, K. P.; Lasslo, J. A. (09.03.2018). *Maintaining sexual desire in Long-term relationships: A systematic review and conceptual model,* S. 563–581. https://doi.org/10.1080/00224499.2018.1437592

Marmot, M.; Wilkinson, R. (2003), *The Solid Facts: Social Determinants of Health,* WHO Kopenhagen.

Max-Planck-Institut für Biologie des Alterns (2023). *Was ist altern?* https://www.age.mpg.de/was-ist-altern

Mayer, F.; Scharhag-Rosenberger, F., Carlson, A.; Cassel, M., Müller, S.; Scharhag, J. (2011). *The intensity and effects of strength training in the elderly.* https://doi.10.32387aerztel.2011.0359

Mayhew, D. L. et al. (2009). *Translational signalising responses preceding resistance training-mediated myofiber hypertrophy in young and old humans.* Journal of applied physiology, 107(5), S. 1655–1662.

Melton, Joseph; et al. (2000). *Epidemology of sarcopenia.* Journal of the american Geriatrics Society, 48(6), S. 625–630.

Mitchell, S. J.; Bernier, M.; Mattison, J. A.; Aon, M. A.; Kaiser, T. A.; Anson, R. M.; Ikeno, Y..; Anderson, R. M.; Ingram, D., K.; de Cabo, R. (2019). *Daily fasting improves health and survival in male mice independent of Diet composition and calories.* Cell metabolism, 29(1), S. 221–228.

Morres, I. D.; Hatzigeorgiadis, A.; Stathi, A.; Comoutos, N.; Arpin-Cribbie, C., Krommidas, C.; Theodorakis, Y. (2019). *Aerobic exercise for adult patients with major depressive disorder in mental health services: A systematic review and meta-analysis.* Depression and anxiety, 36(1), S. 39–53.

Munbanga, M.; Byberg, L.; Nowak, C.; Egenvall, A.; Magnussen, P.; Ingelson, E.; Fall, T. (17.11.2017). *Dog ownership and risk of cardiovascular disease and death – a nationwide cohort study.* S. 1–9.

Nehls, M. (2018). *Algenöl. Die Ernährungsrevolution aus dem Meer; lebenswichtige Omega-3. In seiner wirksamsten Form.* München: Heyne.

Puhlmann, L., M. C.; Valk, S., L.; Engert, V.; Bernhardt, B., C.; Lin, J.; Epek, E., S.; Vrticka, P.; Singer, T. (2019). *Association of short-term change in leucocyte telomere length with cortical thickness change and outcomes of mental training among health adults,* JAMA network Open 2(9), e199687.

Rief, W. et al. (10.01.2017). *Preoperative optimazation of patient expectations improves long-term outcome in heart surgery patients; results of the randomized controlled PSY-HEART trial.* BMC Medicine.

Robinson, E.; Aveyard, P.; Daley, A.; Joley, K.; Lewis, A.; Lycett, D.; Higgs, S. (Februar 2013). *Eating Attentively. a systematic reviw and metaanalysis of the effect of food intake memory and Awareness on eating.* https://doi.org/10.3945/ajcn.112.046245

Salthouse, T. A. (2012). Does the level at which cognitive chance occurs change with age? Psychological Science, 23(1), S. 18–23.

Sanchez-Lastra, M. A.; Ding, D.; Dalene, K. E. et al. (22.04.2023). *Body composition and mortality from middle to old age: a prospective cohort study from the UK Biobank.* International Journal of Obesity, London. https://doi.org.10.1038/s41366-023-01314-4.

Schleip, R.; Bayer, J. (2019). *Faszien-Fitness: vital, elastisch, dynamisch in Alltag und Sport: der Bestseller erweitert und überarbeitet.* München: Riva Verlag.

Schlesinger, S.; Neuenschwander, M.; Barbaresko, J.; Lang, A.; Maalmi, H.; Rathmann, W.; Roden, M.; Herder, C. (31.10.2021). *Prediabetes and risk of mortality, diabetes-related complications and comorbidities: umbrella review of meta-analyses of prospective studies.* Diabetologia (2022) 65(2), S. 275–285.

Schmid, W. (2018). *Selbstfreundschaft. Wie das Leben leichter wird.* Insel-Verlag.

Sonnentag, S.; Venz, L.; Casper, A. (2017). *Advances in recovery research: What have we learned? What should we done next?* Journal of occupational health psychology, 22(3), S. 365–380. https://doi.org/10.1037/ocp0000079

Stangl, M. et al. (2018). *Compromised grid-cell-like representations in old age as a key mechanism to explain age-related navigational deficits.* Current biology, 28(7). DOI:10.1016/j.cub.2018.02.038

Staudinger, U. M.; Smith, J.; Baltes, P. B. (1994). *Handbuch zur Erfassung von weisheitsbezogenem Wissen.* Materialien des Max-Planck-Instituts für Bildungsforschung Nr. 46.

Staudinger, U. M. (2000). *Selbst und Persönlichkeit aus der Sicht der Lebensspannen-Psychologie.* In: Greve, W. (Hg.). Psychologie des Selbst. Weinheim: Beltz/Psychologie-Verlags-Union, S. 133–148.

Steinacker, J. M.; Mechelen, W.; Bloch, W. et al. (2023). *Global alliance for promotion of physical activity.* The Hamburg Delaration. BMJ open sport & exercise medicine;.0;e001626.https://doi:10.1136/bmjsem-2023-001626

Stiwi, K.; Rosendahl, J. (Mai 2022). *Efficacy of laughter-inducing interventions in patients with somatic or mental health problems: a systematic review and meta-analysis of Randomized-controlled trials.* https://doi.org/10.1016/j.ctcp.2022.101552. S.1–33.

Tam, B. T. et al. (02.07.2020). *Obestity and ageing: two sides of the same coin.* https://onlinelibrary.wiley.com/doi/full/10.111/obr.12991

Theissig, K. (2006). *Berliner Weisheitsparadigma.* Hausarbeit

Tobjörn, Å.et al. (2019). *Sleep duration and mortality-does weekendsleep matter?* Journal of sleep research 28(1).

Voelker-Rehage, C.; Godde, B.; Staudinger, U. M. (2010). *Physical and motor fitness are both related to cognition in old age.* European Journal of Neuro Science, 31(1), S. 167–176.

Völter, Christiane; Thomas, Jan Peter; Maetzler, Walter; Guthoff, Rainer; Grunwald, Martin; Hummel, T. (2021). *Funktionseinschränkungen der Sinne im Alter.* Deutsches Ärzteblatt international. 2021, 118, S. 512–520.

Vogel, C. (2017). *Frauen und Männer in der zweiten Lebenshälfte-Älterwerden im sozialen Wandel.* Bundesministerium für familie, Senioren, Frauen und Jugend, S.19-25

Walton, J. (1997). *Handwriting chances due to aging and Parkinson´s syndrome.* Forensic Science international, Volume 88, Issue 3, S. 197–214

Weeks, D.; Jamie James, (1999). *Secrets of the superyoung. Berkley;* Reissue Edition.

Westerhof, G. J. & Barett, A. E. (2005). *Age identity and subjective well-being. A comparison of the United States and Germany.* The Journals of Gerontology, 60(3), 129–136.

Wilhelm, M; Maresch, G. (2017). *Wie ausgeprägt ist meine räumliche Orientierungsfähigkeit? Entwicklung des neuen Messverfahrens SMART durch reale Bewegung im Raum.* Informationsblätter der Geometrie (IBDG), 36(1), S. 21–23, Innsbruck.

Wirtschaftswoche (2012). Konzentration: Wie Sie auch im digitalen Zeitalter in Ruhe arbeiten.

Wu, C.; Odden, M. C., Fisher, G.; Stawski, R. S. (2016). *The association of retirement agy with mortality: A population-based longitudinal study among older adults in the United States,* Journal of Epidemiology and Community Health, 70(9), 917–923.

Wurm, S. (28.03.2022). *Schalter für Alter: deutlich länger leben ohne Wunderpille und Anti-Aging.* Medieninformation, Universität Greifswald.

Wurm, S.; Schäfer, S. K. (2022). *Gain- but not loss-related Self-Perceptions of Aging Predict Mortality over a period of 23 Years. A Multidimensional Approach.* Journal of Personality and Social Psychology, 123(3), S. 636–653. www.ernaehrungsumschau.de/print-news/15-05-2018.

www.internisten-im-netz.de/vorsorge/antiaging/der-koerper-im-alter.html